傷つきやすい人のための図太くなれる禅思考

你真的不必討好所有人

獻給容易受傷的你の厚臉皮學

枡野俊明
ShunmyōMasuno
涂愫芸——譯

序言

我是個禪僧。對於「禪僧」，各位是怎麼樣的印象？是不是舉手投足優美、散發著沉靜的氛圍，總是帶著柔和的表情，面露微笑呢……

我認為禪僧會給人這樣的印象，根本原因只有一個。

不怕各位誤解，我就老實說了。

其實，禪僧都是「厚臉皮」的人。

不過，說到「厚臉皮」，首先可能會給人大剌剌地闖入他人心裡的沒神經的印象。然而，本書主題的「厚臉皮」，當然不是那樣。

為了生存而保有強大的心靈，這種態度的「根源」，就是「真正的厚臉皮」。

有不會被不愉快的事、難過的事擊潰的強度。

有處於窘境、艱難局勢，也不會屈服、沮喪的柔軟度。
有一時失意、惆悵，也能很快振奮起來的堅韌度。
有面對周遭批判自己的聲音，也能想「管他呢」的豁達。
換言之，強大的心、柔軟的心、堅韌的心，以及豁達的心，都可以說是在「厚臉皮」這塊土壤上孕育出來的。
被這本書的書名吸引，而拿起這本書的人，或許會有以下的自覺：

- **為了一點小事東想西想、煩惱不已。**
- **別人說的話比自己的想法更有影響力。**
- **有事卡在心裡，就一直無法從那裡走出來。**
- **非常在意周遭人對自己的看法。**
- **害怕受傷害，不敢說出心裡話。**

像這樣，對事情的反應太過神經質、總為小事情煩惱的你們，要知道修行前的禪僧，其實也是這樣。在進入禪寺拜師之前，多的是這樣的禪僧。

我自己在修行期間，也因為害怕睡過頭，總是睡得滿身冒冷汗，一個小時醒來一次。

但是，現在無論搭電車或飛機，我都能馬上入睡，而且是熟睡。曾在某次實驗中，測出我的熟睡率為九九·八％。

也就是說，在禪的修行中，自然會在心中孕育出臉皮的厚度。禪原本就是行住坐臥＝人的基本動作，走路（行）、停止（住）、坐下（坐）、躺下（臥）等日常，皆是修行。所以，我認為正確的做法，並非刻意修行，而是在禪的生活中養成習慣。

所謂「禪的生活」，並不困難。說起來，就是用禪的思考去看事情、把禪的教義擺在心中去理解事情、在發言或行動時稍微帶點禪的意識。

本書匯集了對此有所助益的啟發。全都是不論任何人都能在平常生活中實踐的事。放心，一定能增加臉皮的厚度。只要重複閱讀，一點一點地表現出來，就能逐漸養成習慣。

「禪即行動」。各位，從任何著眼點做起都行，開始吧！

枡野俊明 合掌

二〇一七年二月吉日於建功寺方丈

目錄

第一章

臉皮稍微厚一點，堅強地活著

臉皮厚的人，人際關係也會是好的那種「遲鈍」 014
禪最討厭做「比較」 018
對自己的長處多點敏感，對自己的短處多點遲鈍 022
「天不怕地不怕」的人，有「想太多的人」所沒有的氣勢 026
人專心投入某件事時不會有恐懼 030
害怕失敗的妙藥就是「豁出去」 034
所謂從沮喪的泥淖裡爬出來的「厚臉皮觀點」 038
因為不能如願以償，所以要想「船到橋頭自然直」 042

第二章

臉皮厚的人也很能應付人際關係

不「推測」，能潤滑人與人之間的往來 048
如何壓抑無意識裡的「我」 052
不要求自己及他人做到「完美」 056
厚臉皮與專注力的關係 060
擁有「一個人的時間」，重新審視自己 064
如何與價值觀不同的人相處 068
發掘長處就能活得有個性 072
把煩惱當成樂趣的方法在於「知足」 076
不要把自己的重要時間濫用在他人身上 080
擺脫金錢及頭銜就能推心置腹地交談 084

第三章

臉皮厚的人善於轉換心情

情緒低落時先做掃除 090
討厭的事不要延續到隔天 094
太計較得失，心會變得狹隘 098
自己的機遇不好，不要「怪罪他人」 102
「可是……」是不行動的藉口 106
臉皮厚的人會準備「腹案」 110
呼吸可以增厚臉皮 114
與上司保持距離的方法 118
不是活得像應有年紀，要活得像自己 122

第四章

要厚著臉皮消除憤怒，不要積壓

不要跟憤怒的人站在同一個相撲台上 128
最好的報復就是好好活著 132
要有超大的忍氣袋 136
靠「寫」來消除憤怒的情感 140
不要展現超越實力的自己 144
展現弱點會比較輕鬆 148
做重點式反省就好 152
用「謝謝」婉拒善意的多管閒事 156

第五章

貫徹厚臉皮的成效

年紀大了也能厚臉皮地活著 162
傾聽自己的「心的聲音」 166
厚臉皮的人睡得好 170
生病會讓我們察覺重要的事 174
生存的原點是「一切都值得感恩」 178
厚著臉皮「放棄」，剝去不必要的東西 182
不要被他人的話蠱惑，要堅持自己的感性 186
結婚就交給「緣分」 190
所謂極致的厚臉皮，就是做為「一般人」活著 194

【特別附錄】讓不容易入睡的人睡得著的坐禪 199

第一章

臉皮稍微厚一點，堅強地活著

臉皮厚的人，人際關係也會是好的那種「遲鈍」

人會受傷、煩惱，多半是因為人際關係。人活著，不論在工作或私生活上，都會與許多人發生關係，當然會產生摩擦或情感上的齟齬。

其中，心思越細膩的人，受到的傷害越大。對方無心的言行，都會觸動敏銳的感性。

「我一直很在意那個人說的那句話，會不會是有惡意呢？」

「他一定是討厭我，才會那樣對我，一定是……」

說話的人沒有半點惡意，自己卻過度解釋。稍微被冷落，就認定對方討厭自己。然後，開始逃避對方，或害怕與人往來。

而臉皮厚的人，對他人的言行，是好的那種「遲鈍」、豁達。即使聽出話中帶刺，也不會在意。為什麼臉皮厚的人可以這麼想呢？

仔細想來，人對待與自己相關的人，通常不會有明顯的惡意，也不太可能刻意表現出惡劣的態度。

既然這樣，傷人的話很可能只是對方「一不小心」脫口而出，令人不快的舉動也可能只是對方「湊巧」心情不好。總之，其中並無怨懟。

會感覺到惡意、惡感，是過度反應，會搞僵人際關係。

「但是，我的個性就是會在意，這也是沒辦法的事吧？」

沒這種事。以下是我所尊敬的板橋興宗禪師，經常對我說的話。

即便是禪僧，也有被對方的言行激怒的時候。

這時候，**板橋禪師會做幾次深呼吸，在心中默念三次「謝謝」。這樣就能平息憤怒的情緒。**

「說那種話到底是想怎樣？」

若是大腦這麼想，憤怒就會加劇。以深呼吸暫緩情緒，在心裡默念什麼，憤怒就會逐漸萎縮，不至於沖昏頭。或許可以活用這位板橋禪師的做法。

若是遇到可能會讓自己一直想不開的言行，就當場做深呼吸，默念什麼。或許可以默念「沒事、沒事」、「沒關係、沒關係」之類的話。這麼做，可以預防過度的反應。

能發揮「盾牌」的效果，把會受傷害、會煩惱的「根源」彈回去。學會這個做法，就不會因細微末節的事受到打擊，可以豁達地面對對方的言行。

而且，與生俱來的心思細膩，也能反過來成為強項。在人際關係上，學會豁達地接納對方後，還能給予對方入微的關懷。

豁達與細膩，是用來建立、加深人際關係的兩大主力。很可能成為與人往來最大阻礙的細膩，有了豁達亦即本書中所說的厚臉皮，就能綻放更燦爛的光芒，讓人際關係一舉變好。

「厚臉皮」可以讓「心思細膩」也成為一大魅力。

禪最討厭做「比較」

人活著，會有種種感覺。這之中，不乏麻煩的部分，例如自卑感。自卑感是來自於把自己與他人做比較。禪最討厭這種「比較」。

現在，請各位想想存在於自己內心的自卑感。

「跟我同時進公司的那個人，總是能輕而易舉地達到業績目標，我再怎麼拚命也做不到。」

「她長得漂亮，所以穿任何衣服都很合適。我長這樣，再怎麼打扮也沒用……」

與他人做比較，把自己比下去，心就會縮起來，因此產生煩惱、痛苦。但是，請仔細想想，羨慕工作能力比自己好的同事，能提升自己的能力嗎？嫉妒漂亮的她，能讓自己變漂亮嗎？

答案是「不能」。與他人做比較，絲毫不能改變自己。我希望各位都能明白這一點。而這也是走出自卑感的唯一方法。

更何況，「我比較差」的感覺，有許多不確定性。大家應該都聽過下面這句話吧？

「隔壁家的草坪比較綠。」

隔壁家的草坪，看起來總是比自己家的草坪翠綠。其實，根本沒差。人多多少少都會覺得，別人的東西比較好、看起來比較好。

這也是產生自卑感的原因之一。看起來輕而易舉就能完成工作的他，說不定是在別人看不到的地方拚命努力，才有那樣的成果。在能力上，很可能跟自己一樣，甚或比自己差。

「放下著。」

這是一句禪語，意味著請捨棄。「放下」意指拋開、丟棄，「著」

是強調的單詞。

首先，該捨棄的是「比較的心」。捨棄後，可以活得比現在更輕鬆、更豁達。以前，可能所有注意力都在比較的對象上，會隨著那個對象的動向忽喜忽憂，現在沒有了那樣的負擔，心就會安樂平和。

捨棄與他人比較的心，不再神經質地反應過度，心有了餘裕，就會發生很多好事。

例如，**目光不再朝向外面，轉而朝向自己的內面，就能增加自我審視的時間。這一點非常重要。**

在自己的內面做比較就無所謂，我甚至認為應該做比較。

「上次的工作，在收尾階段有些問題。但是，這次的工作，直到最後完工都很順利，是不是因為我的工作能力稍微提升了呢？」

「以前都只是聽從別人的話去做，現在會自己多下點工夫完成工作了。這是代表有了衝勁嗎？」

審視自己，拿以前的自己與現在的自己做比較，感受差異。沒有比這更好的自我檢驗。而且，知道自己學會了以前不會做的事，不但能帶給內心極大的喜悅，更能成為可靠的原動力，促使自己向前躍進。

與他人做比較毫無意義，
自己的內部才有值得比較的東西。

對自己的長處多點敏感，對自己的短處多點遲鈍

各位覺得「自己會在意」哪些事呢？

我若是這麼問，大家會怎麼回答呢？這個問題問得有些籠統，所以答案想必有千百種。但是，應該可以從中舉幾個例子，整合如下。

「思想消極，害怕站到人前。明知在工作上有自己的主張非常重要，卻怎麼也做不到。或許，這就是我的性格，沒辦法……」

「我最在意的是有點胖的體型，就算想打扮一下，能穿的衣服也非常有限……」

「我不會說英文，很怕跟不上不斷國際化的這個時代。」

這些答案都有共同點，各位是否注意到了？沒錯，共同點就是「做不到」、「覺得對自己不利」。每個人在意的點都一樣，也可以說是短處。人似乎都有這樣的傾向，對短處特別敏感。

因此，會想彌補短處。這是很自然的結果。而且，周遭充斥的資訊，更會助長這樣的趨勢。

（六個月就能學會商業英文會話！）

（自我改革非常簡單！）

（輕鬆、不痛苦且效果顯著的減重法就是這個！）

這一類的資訊，排山倒海而來。現今時代，永遠不缺用來「彌補短處」的資訊。但是，這些資訊都有陷阱。克服恐懼、一掃不利因素的挑戰，不是不好，只是要把恐懼和不利拉到平均值，必須耗費極大的心力。不妨把目光轉移到其他地方。

人有短處，必有長處。但是，人對長處特別遲鈍，幾乎視而不見，太可惜了。最得意的事、與生俱來的有利因素，就是長處，怎有不重視的道理？

琢磨長處會比彌補短處的效果好很多，更重要的是做起來也開心。付出「十分」的努力，前者可能只得到「三分」的效果，後者卻能換來兩倍、三倍的效果。

該敏感（該意識到）的是長處，遲鈍也無所謂的是短處。如果能提升企劃能力，即使不會說英文，也不會被國際化的浪潮吞噬。「長處是英文」的人多得是，所以，這個部分交給別人去做就行了。

如果害怕站到人前，就當個支持者，在幕後、在背地裡發光發亮。只要獲得「沒有那個人的支持就無法完成這個企劃」的評價，在組織中就能鞏固屹立不搖的存在感、無法撼動的地位。

我能理解在意短處的心情，但是，有短處也沒關係。讓我們保有將短處逐出視野、聚焦在長處的厚臉皮吧。發展長處絕對能彌補短處，而且綽綽有餘。這麼做，有助於形成自己的風格。

忽略短處的厚臉皮，能增添魅力。

「天不怕地不怕」的人，有「想太多的人」所沒有的氣勢

普遍認為，做每件事之前，都要「深思熟慮」，這點非常重要。實際上，在商業場合中，也常聽見以下的斥責聲。

「就不能稍微思考一下再行動嗎？」

不過，最近的聚光燈似乎都聚焦在「馬上行動」這件事上，以此為主題的書也上了暢銷排行榜。

其實，這就是禪的思考方式。甚至有「禪即行動」這麼一句話，禪教大家無論如何就是先採取行動。因為想太多，會動彈不得。

例如，在工作上要預約時間，若對方是個「大人物」，往往就會想

太多。

「該如何切入主題，才不會失禮呢？聽說他是個超級大忙人，會肯撥冗見我嗎……」

「聽說他是個很難搞的人，惹惱了他該怎麼辦？」

越是反覆思考，伸向電話的手就越是往回縮。當然，考慮對方的立場、狀況，及避免失禮是必要的。神經小條的人，尤其不會在這種地方「偷懶」。但是，這也有所謂的分寸。

過猶不及。考慮太多，會一步也跨不出去。而採取行動，總會有什麼反應，也算是與對方結下了緣分。

如果對方說目前很忙，沒有時間見面，就向對方確認什麼時候可以空出時間。如果對方要求見面時要準備什麼東西，也能馬上著手進行。不論結果如何，事情都開始動了起來。

由此可見，不論對方是誰、狀況有多困難，都能馬上行動的「天不怕地不怕」，比深思熟慮型的謹慎居士強太多了。看在旁人眼裡，或許是「很強硬」、「總是蠻幹」的天不怕地不怕的人，但無論如何，就是有「想太多的人」所沒有的霸道者的「氣勢」。

氣勢就是力量，足以辟邪。小小一道牆或障礙，都能擊破。因此，也能投入對方懷抱。

日本實業家齋藤一人，是開發兼販賣化妝品、健康食品、減重食品的「銀座MARUKANN（前銀座日本漢方研究所）」的創辦人，他曾說過：

「運勢這兩個字，可以寫成『運送氣勢』。也就是說，運勢就是氣勢。要想加強運勢，務必加強氣勢。」

我想意思是，沒有氣勢的地方，運不會到來，也締結不了緣分。但是，對神經小條的人來說，要氣勢十足地馬上採取行動，或許是沉重的負擔。

這時候就要把禪請出來了。禪最重視的是「體感」，也就是用身體去感覺。坐禪也一樣，剛開始腳會很痛，也是痛苦得不得了。但是，某天，會有身體忽然感覺「好舒服」的瞬間。

之後，會變成不坐禪就受不了。所以，至少要嘗試一次，稍微強硬地逼迫自己，以天不怕地不怕的風格馬上採取行動。這麼做，**會帶來「行動就能啟動什麼」的體感，逐漸變成會採取行動的自己。**天不怕地不怕的「真傳」，就唾手可得了。

用身體去感覺，任何人都能發揮行動力。

人專心投入某件事時不會有恐懼

各位在工作上，是否有感覺是敵手的人？人都會注意周遭人的動向，但是，對敵手的存在會有特別強烈的感覺吧？例如，若是有彼此競爭業績的對手，應該就會想：

「就是不能輸給那個人！」

這樣的想法，可以成為鼓舞自己的能量，但也會讓自己太過在意結果。

「在意結果有什麼不對？工作不就是為了結果嗎？」

我不否定這樣的說法。只是覺得，以結果為目標的安排方式，或只要求結果的做事方式，好像不太對。

以敵手關係來說，所謂的結果就是「贏那傢伙」吧？如果沒有敵手，所謂的結果或許就會變成「獲得上司的好評」。只要腦中有這樣的想法，或更進一步成為絕對目的時，贏不了或無法獲得好評的恐懼就會深植內心。

恐懼會逐漸擴大，不久就控制了行動。很可能為了抹卻恐懼，不顧一切爭取勝利，或為了獲得好評不擇手段。

我認為其根本在於「脆弱的心靈」。這樣的心缺乏認輸的堅強，也就是不夠厚臉皮。所以，只能採行所謂「邪道」的做事方式。脆弱的心靈有時會把人帶入歧途。

為各位介紹一句禪語。

「一行三昧。」

意思是抱持正直的心，傾注全力做一件事。所有事情都該做到一行三昧。那是禪的行為舉止，也是禪的生活方式。換句話說，就是「跟那件事融為一體」。

融為一體後，就不會恐懼結果。各位也有以下的經驗吧？當全心投入一件工作，終於完成時，會有種「啊，已經這麼晚了？都忘記時間了」的感覺。這時候，會在工作中想到結果嗎？要贏敵手、要獲得上司好評的邪念，應該都無法闖入內心。

這就是一行三昧的姿態、自己與工作融為一體的姿態。換句話說，也就是專心投入工作的姿態。

結果只會在最後自然產生，自己絕對求不來。不管是誰，都無法憑自己的力量控制結果。在這方面，請各位要有所察覺。這樣，在工作上，就能以正直的心全力投入眼前的那份工作。

這麼一來，不論結果怎麼樣，都能坦然接受。在形式上或數值上，不管是贏過了誰或輸給了誰，都沒關係了。面對評價，也能處之泰然了。

各位不覺得那樣的心，與脆弱有很大的差異嗎？那是沒有迷惘的心、是堅定不移的心，也就是厚臉皮的心。這樣的心，不難取得。只要擺脫結果的束縛，傾注全力在眼前的事情上就行了。

不去在意結果，就能擁有厚臉皮的心。

害怕失敗的妙藥就是「豁出去」

各位要採取什麼行動時，首先閃過腦海的畫面是什麼呢？當然會浮現「希望有好結果」的成功想像，但是，背後也一定會纏繞著「萬一失敗該怎麼辦」的負面想像吧？

這就是人，只要活著，內心某處一定有這樣的恐懼。

會認真思考事情的人，或是會誠摯看待所有事物的人，這樣的傾向尤其強烈。太害怕失敗，心就會緊縮起來，動彈不得，無法採取行動。

說到失敗，我就會想起我的雲水修行。那是我為了成為禪僧，剛開始在修行道場修行的事。在那之前，我是待在所謂的「俗世」，所以在修行的第一天，生活便完全改變了。

因為是在連左右都還分不清楚的狀態下開始修行，所以，那才真的是做什麼都失敗。從打招呼到筷子的拿放、站立方式、走路方式等行為舉止，都被評為不及格。當時，鐵拳的「教導」是理所當然，所以老是挨揍。

我在前面也說過，光是早上起床這件事，我就老擔心「睡過頭該怎麼辦?!」，不但難以入睡，也很淺眠，幾乎每隔一小時就會醒來。我還記得，連冬天睡覺都會盜汗，全身溼透。

但是，這樣的修行生活持續到某個程度，就會有所領悟。那就是既然生活完全變了，當然會失敗，學會與挨罵共存就行了。當願意承認自己做不到、願意照單全收時，就可以說是有那樣的領悟了。

事實證明，過了三、四個月左右，我早上就能自然醒來了。行為舉止也養成習慣，逐漸有了禪僧應有的模樣。坐禪、作務（掃除等工作）也都能達到一定水準了。

現在回想起來，那個領悟的實質，應該就是「豁出去」。一般來說，「豁出去」給人的印象不是很好。但是，神經小條、敏感的人，很容易因為小小的失敗或人際關係的壓力，老是悶悶不樂。有不少人還因此罹患憂鬱症等心的疾病。就這點來說，是「豁出去」淡化了失敗的恐懼，我才能專心投入修行。這是我的實際體驗。

「失敗也沒關係，總之做就對了。」

最後自然會這麼想。當然，不能把各位的日常生活與修行生活混為一談。但是，豁出去是「過度害怕失敗的妙藥」這個道理，應該是一樣的。

在工作上失敗，頂多就是被上司多瞪幾眼而已。那之後，應該不會因此失去挑戰工作的機會。

況且，不做做看，也不知道會不會失敗。**無從得知的事就先擱下。不要被失敗困住。這就是禪的根本思考。**還有一句眾所皆知的諺語。

「知難行易」——意思是與其東想西想，不如實際行動，說不定會發現很容易做到。會不會覺得這個諺語，很像古人在教訓我們說「請豁出去」呢？

請把對失敗的恐懼擺在一邊，豁出去。不要猶豫，一定做得到。然後，不管做任何事，就是全心全意拚了命去做那件事。這樣的經驗，絕對可以讓心變得強大，開拓「通往厚臉皮的道路」。

無從得知就先擱下。

所謂從沮喪的泥淖裡爬出來的「厚臉皮觀點」

再多談一些關於失敗的話題。

當然，也有鼓起勇氣豁出去，最後卻以失敗收場的例子。沒有一次都不曾失敗過的人，也沒有永遠一帆風順的人生。

因此，重要的是如何面對失敗。

「失敗後越來越沮喪，很難從那種狀態振作起來。」

這樣的人應該不少。我把這種情形稱為螺旋型墜降，心情一旦往下墜，那個力道會遠強過振作起來的力道，或許這就是心的一般狀態。

但是，也有面對這種失敗的方法。是本田技研工業的創辦人本田宗一郎先生，給了我這個啟發。

「我認為失敗可以讓人成長，我真的非常同情沒有經歷過失敗的人。」

本田先生想說的，應該是有失敗才有「學習」吧？即使失敗了，也能在失敗中認真學習，人就會成長。不曾失敗的人，不會有那樣的學習機會，所以真的很值得同情。

工作上的失誤，也能以同樣的心態面對嗎？例如……

「原來是行動的時機過早？應該收集更多的資料再行動。在行動前徹底收集資料這件事，必須謹記在心。」

錯判時機的失敗，會讓我們學到推測時機時必須著重於什麼。判斷的錯誤，會引導我們走上今後作正確判斷的道路。既然這樣，該沮喪嗎？不該吧？

失敗不是「做不到」，也不是「不順遂」，而是學習「做得到」的訣竅、吸取「可以完成」的智慧。我反而會在成功中，感受到危機。

有句話說「結果好就好」。有時候，即使時機不對、判斷錯誤，也可能「湊巧」出現好的結果。如此一來，「不對」和「錯誤」就會隱藏在成功的背後，自己無法意識得到。也可以說是沒有「學習」。

而且很有可能因為這樣，之後再接著出現難以置信的時機不對，或無法挽回的判斷錯誤。

戀愛也一樣。被毫不留情地甩掉時，若是只能以「啊，好難過」的心情面對，就會越來越消極。若是在痛苦中，也能想到「可能是我太依賴他的溫柔，卻忘了感謝的心」，那麼，心就會積極地追求下一個戀情，也會在下一個戀情，以感謝的心對待對方。

把失敗當成學習的重點只有一個。那就是牢記「失敗的過去不能重來」，僅此而已。再怎麼掙扎、再怎麼努力，也挽不回過去的時間。既然這樣，只能把注意力從那裡抽離，改變心態，轉而集中在「當下」。

如果把注意力集中在當下，失敗是不是會呈現不同的樣貌呢？會不會看起來不再像是會把人拖進沮喪泥淖裡的東西，而是像邁向成功的糧食、邁向成功道路的里程碑呢？

心會動盪不安，是因為不斷回頭看過去。只看當下，就是沉著穩重的厚臉皮觀點。

厚著臉皮把注意力集中到當下。

因為不能如願以償，所以要想「船到橋頭自然直」

「最近都提不起勁來，做什麼都不能如願以償……」

各位是不是也有過這種時候？但是，這世上有多少事能如願以償呢？例如，在工作上有了成果。這個時候，你們會覺得「太好了，一百分滿分，這就是如願以償的結果」嗎？

我認為不會。工作會有對象，那個對象也跟我們一樣有「想法」。在彼此摩擦與爭執中，事情可能都照我們的意思完成，讓我們如願以償嗎？有些地方，必須彼此讓步才能找到著陸點。

以戀愛為例，會更容易明白。有了心儀的人，當然會希望對方也喜歡自己。然而，單相思的例子多不勝數，有時不論付出多少熱情、傾注多少愛情，都無法讓對方的感情如自己所願。

這時候，或許有人會懊惱地想，無法如願以償是因為「自己沒有魅力」、「自己配不上對方」。然後，會失去自信，貶低自己。

在我看來，這樣就像「唱獨腳戲」。以事情會如願以償為前提，認定「非那樣不可」，就會把自己的心變得狹隘。

我要明白地說，這世上很少會有如願以償、得償所願之類的事。儘管如此，大家還是想要得償所願，才會把事情搞得這麼麻煩。

佛教所說的「苦」，正是這樣。想讓不可能如願以償的事得償所願，就會產生煩惱、痛苦。這是釋迦牟尼佛的教義。

釋迦牟尼佛更說過這麼一句話：

「汝等啊，這世間充滿苦難。」

換句話說，就是世間事大多無法如願以償。但是，無法如願以償，也不必絕望，因為「船到橋頭自然直」。

即使心儀的人對自己不理不睬，世界末日也不會到來，生命也不會結束（我不敢說絕對沒有人會自我了結……）。然後，某天，也可能再遇到其他對象，讓自己燃起比當時更強烈的熱情。因為，船到橋頭自然直。

在看到這本書的當下，是不是覺得全身都放輕鬆了？若是無法如願以償，就坦然接受，切換成「船到橋頭自然直」的心境。然後，竭盡所能好好活在船到橋頭自然直的現實裡。

有這麼一句禪語。

「柔軟心。」

就是柔軟、柔韌、自由的心。我認為這樣的心，可以說是全身放鬆的心，也可以說是真正意義的厚臉皮。侷促的心會漸漸失去柔軟度，變得緊繃僵硬。這樣，身體會動彈不得。

心的解脫不能靠任何人，只能靠各位自己。用來解脫的關鍵字，就是「船到橋頭自然直」。自古以來，日本就被稱為「言靈的幸福之國」。意味著日本是話語裡面有言靈，亦即靈力，而靈力會帶來幸福的國家。

因為不能如願以償而悶悶不樂時，不妨發出聲音說「船到橋頭自然直」。這是誰都會念的關鍵時刻的「咒文」。然後，喚醒心的柔軟度、堅韌度。

以「柔軟心」放鬆緊繃僵硬的心。

第二章

臉皮厚的人
也很能應付人際關係

不「推測」，能潤滑人與人之間的往來

將棋的職業棋士在對局時，能推測到幾步之前，各位知道嗎？當然，會有個人差異，其中，在取得永世名人資格後，獲得六個永世稱號的羽生善治說：「光一個變化，可以推測出十步到十五步。但是，還會各自分歧，所以會到達一百步、一千步的單位。」不得不說是非常優秀的「推測能力」。

同樣，與人往來時，也必須推測，例如，工作上的交涉，要事先推測「我們這樣提案，對方會有怎麼樣的反應？如果是怎麼樣的反應，就要怎麼樣處理。如果是怎麼樣發展，就要怎麼樣做……」越認真的人越會縝密地往前、往前、再往前推測，針對每一個推測思考應對方法。

但是，這麼做會有這麼做的缺點。當推測錯誤，結果與設想好的狀況不一樣，就會窮於應付。

「咦，沒想過那種應對。怎麼會變成這樣？傷腦筋。怎麼辦、怎麼辦……」

認真、一板一眼地過度推測，反而會招來惡果。陷入「不應該是這樣」的狀況，人難免會焦躁，導致那之後的應對亂無章法。無庸置疑，交涉的主導權會落入對方手裡。

再怎麼推測，事情也很少會如推測發展。甚至可以說根本不會。所以，作推測時，不必「太縝密」，只要「寬鬆」、「粗略」就好了。

至於提案，只要做好無論對方提出任何質疑都能回答的準備，然後，把事情的發展交給現場的氛圍。這麼做，可以擴大對應的範圍。

所謂交給現場的氛圍，就是從對方的表情、口吻判讀對方的意思，感受對方的心情，自由自在地應對。事先設定事情的發展，就不能做到這樣。

「已經有了萬全準備，再來就看事情怎麼發展了！」

沒錯，就是要有這種程度的厚臉皮姿態。

私生活也是同樣的道理。約會時，有人會很認真地安排在哪裡碰面、在哪家餐廳吃飯、在哪家酒吧喝酒……擬定縝密的計畫。說不定，有人還會先「推測」談話內容。

然而，根本不可能照那樣發展。大有可能計畫好要去吃義大利餐廳，對方卻突然說：「今天去吃和食吧？好想吃好吃的生魚片！」這時候，一板一眼的縝密派就會大受挫折。反之，若是將和、洋折衷思考，在腦海裡大約整理出用餐的地方，就能立即應對。

「雲無心。」

這句禪語是指不受束縛的自由姿態的重要性。在空中飄浮的雲，會隨著風改變形狀，飄往各個方向。不拘泥於形狀、飄流方向，就不會被困住。但是，絕不能失去本質，這樣才是真正的自由姿態。

工作、私生活都一樣，人與人之間的往來是活的，所以，再怎麼縝密地推測，也不會照推測那樣發展。不妨就以寬鬆的、粗略的、不被束縛的自由的心去處理吧。

只要掌握重點，其他自由就好。

如何壓抑無意識裡的「我」

每個人都有自我。以確立自我為目標的重要性成為街談巷議，是在戰後美國流派的自由和民主主義傳入日本之後。

七十多年後的現在，展現自我、強烈主張自我的人變多了。整體來說，形成了「自己要這樣、自己要那樣」的狀況。

「能夠堅定地自我主張，在工作上、私生活上都非常重要吧？這樣的人才是真正『厚臉皮的人』吧？」

這樣的意見的確占大多數。在公司裡，這樣的人或許是周遭人不能忽視的存在。然而，禪的思考完全相反。

「諸法無我。」

這是展現佛教基本原理的一句話，意思是這世上並沒有確切的「我」存在，所有事物都存在於彼此相互影響中。以日常來說，就是「沒有人可以一個人存活，必須活在與他人相互影響的狀態中。更深入來說，人是在與萬物相互影響中誕生。」領悟到這件事，盡可能削去「我」，就是禪的修行。

把自我擺在前頭，總是自我主張的人，乍看像是心臟強大的厚臉皮的人。也可能被視為團結周遭人，帶著他們往前走的領導人。然而，我認為並不是那樣。

堅持自己的意見或見解的人，不會認同其他人。即使討論或爭辯，也會駁倒眾人，激動地闡述自己的正確性，堅持自己一貫的主張。

但是，沒有絕對正確的理論，所以，有時會被指出錯誤。這時候，這類型的人非常脆弱。被挫了銳氣，就會咻地洩了氣。心靈的脆弱表露無遺。

反之，知道自己是活在與人相互影響中的人，會認同他人，也會傾聽他人的意見。即使有自己的想法，也不會一味地堅持，會採納周遭的好意見、好觀點，在協調中尋找著陸點。有顆柔韌的心，是真正意義的「厚臉皮」。

我經常舉例說，這兩者的差異，就像堅硬的木頭與竹子的不同。**起風時，堅硬的木頭會頑強抵抗，試圖繼續直挺挺地站著**。但是，風越來越強，就會抵抗不了，應聲折斷。

相對於此，**竹子不會忤逆風，會順著風彎折枝幹**。這樣便能禁得起強風，等風停了，再柔軟地恢復原貌。

各位會欣賞哪一邊呢？脆弱與柔韌，各位會想抱持哪種心態活著呢？

「心靈脆弱又能怎麼樣呢？至今以來我就是過著自我的生活，現在也改變不了了吧？」

不，心隨時都能轉（能改變）。禪即行動，何不馬上從認同他人、傾聽他人的話開始做起呢？踏出去的那一步，一定會與下一步相連結。然後，每前進一步，速度就會越來越快。

這是把緊貼在心上的自我，一枚一枚剝下來的作業。是為了認清在相互影響中誕生的真理，而張開眼睛的工程。

每剝去一層心的脆弱，
自我的強硬就會變得柔韌。

不要求自己及他人做到「完美」

說到寬以待己嚴以律人，或許各位會想到很多人。在工作場合，看到別人不能像自己那樣完成自己擅長的事，就會焦躁地說：

「到底要花多少時間啊？要是我，三十分鐘就能完成了，現在都已經過一個小時啦。」

遇到自己不擅長的領域，就很「寬容」，會說多花點時間也無可厚非。人就是這麼自私。

誰都有擅長與不擅長的事，世上沒有「完美」的人。我們都明白這是理所當然的事，但偶爾還是會忘記，對他人做過多的要求，所以心會起伏動盪。

負責指揮部下的人，尤其需要注意這個部分。前提是，先充分理解每個部下擅長與不擅長的事。

「A擅長的領域是這方面。不過，那方面好像不太行。那方面的事，還是要找B。」

就像這樣的感覺。了解各自擅長與不擅長的事，再下達工作指令，就能順暢地推動整個團隊。在部下眼中，也會成為了解自己的上司、可依賴的上司。

若是不能那麼做，只是機械式地分派工作，那麼，被分派到不擅長領域的部下，做起來就會事倍功半。身為上司，當然會焦慮不安、惱怒、煩躁。

部下會如何看待這樣的上司，不言而喻。

「我們課長也真是的，到底一個人在焦躁什麼啊。被交付了工作，就拿出氣魄來承擔嘛。也不知道他是沒那個才幹，還是膽小，真受不了。」

大概就是這樣吧。當然，在每項工作中，部下也有各自該做的事，所以有時也不得不把不擅長的領域分派給他們。但是，把不擅長這件事算計在內，再下達工作指示，氣魄就不會有所動搖。

「因為是由B來做，所以多花點時間也沒辦法，就耐心等待吧。」能從容不迫地這麼想，就能厚著臉皮淡定地看著部下工作。

說到要求完美，最典型的例子就是男女之間的關係。例如，夫妻之間，丈夫會要求妻子做到溫柔、體貼、無微不至的照顧……妻子會要求丈夫強壯、有包容力、有經濟力、有知性……當然，要求是個人的自由，但是，到哪裡都不可能找到符合自己所有要求的人。

不要有過多的要求，是男女關係甚或人際關係順利進展的秘訣。江戶時代的儒家學者貝原益軒，曾說過下面這句話。

「應以聖人為標準端正己身，勿以聖人為標準端正他人。應以凡人為標準寬恕他人，勿以凡人為標準寬恕己身。」

也就是嚴以律己、寬以待人的意思。有一則與這句話相關的小插曲，流傳至今。內容是某個年輕人不小心折斷了益軒心愛的牡丹，益軒對他說：「**我種牡丹是為了快樂，不是為了生氣。**」原諒了他。

這是一句值得傾聽的「人生訓示」，可以擴展氣度、提升膽識。寬以待人的根本，就在於不要求太多。

不要求太多，就能保持淡定。

厚臉皮與專注力的關係

不管做什麼，最重要的就是「專注」。但是，有人就是做不到。應該說，實際上大部分的人都為專注這件事傷透了腦筋。即使埋頭做某一件事，心裡也會不由自主地想著其他種種事。

例如，在整理企劃案時，大腦會閃過隔天會議的事，擔心「能不能順利地發言」？注意力都被拉過去了。有時，也會邊工作邊想著當晚約好的酒聚，或者反過來，在玩樂的時候想著工作的事。心這樣「左顧右盼」，當然會削減專注力。

「喫茶喫飯。」

這句禪語是告訴我們，喝茶的時候，只要竭盡全力做好喝茶這件事；吃飯的時候，就把身心靈都投注在吃飯這件事上。做什麼事都一樣，工作的時候就工作，玩樂的時候就玩樂，都要集中精神貫徹到底。

「啊～啊，又被交付這種工作，好無趣。沒辦法，也只能做了。」這樣面對工作，心裡就會有「不得不做」的感覺，明顯不同於具有主體性的「做」。心情會因此飄忽不定，精神也會散漫，當然無法專心做那份工作。

會有不得不做的感覺，是因為缺乏「這是自己該做的事」的意識，不只工作，做所有事都會馬馬虎虎。

也有這麼一句禪語。

「**隨處作主，立處皆真。**」

意思是，不論身處何處、面對怎麼樣的事情，都能以自己為主體，拚了命去做，就會在那件事情上展現出真正的自己。所謂真正的自己，可以解釋為專心面對事情的自己、竭盡全力活著的自己。

會有不得不做的感覺，是因為有「那件工作很無趣」、「那件工作根本用不著自己親自出馬」的想法吧？但是，我認為工作沒有無趣、有趣之分，也沒有重要與不重要之分。

禪的修行也有許多種。嚴格來說，行住坐臥全都是修行。因此，面對任何事情都必須以同樣的心態處理。**若因坐禪是修行的核心，就拚命坐禪，而忽視折棉被、洗臉這些事，就不能叫修行。**做任何事都必須有主體性。

回到工作的話題上。例如，影印文件。有人會想，這種事誰做都一樣，這也是無法保有主體性地投入的原因。但是，何不以「也在影印這種小事上，留下是自己做了這件事的證明」的心態去做呢？這麼想，就會多花一分心思。例如，可能會思考，文件是用釘書機釘起來還是用迴紋針夾起來會比較方便使用。

或者，會因為考慮到翻頁的方便性而靈感乍現，把釘的位置分成左右兩邊，以方便左手慣用者與右手慣用者。這樣完成的文件影印，就不是誰做都一樣了。會從那裡面，呈現出自己。這就是以自己為主體完成的工作。

忘記主體，心就會飄來飄去，靜不下來。保持隨處作主的心態，心就會沉靜、堅定、平穩，面對任何事都能集中精神。

以自己為主體面對事情，一定能夠專注。

擁有「一個人的時間」，重新審視自己

人多多少少都有「批評家」的一面。例如，以下這種狀況屢見不鮮吧？

「她的確很會打扮，但是，會不會太幼稚了？都有一定年紀了，也該考慮一下這個因素吧……」

就是發揮敏銳的觀察力，檢視同事或朋友的打扮，發表毒舌評論。批評的對象，不僅限於外貌。

「他是受到了所有上司的青睞，可是，巴結上司到那種程度，他自己不難過嗎？那樣的生存方式好嗎？」

批評也會涉及到人生這件事。別人的事都看得很清楚，最看不清楚的反而是自身的事。

審視自己的必要條件，是擁有一個人的安靜時間。請各位回想自己的日常生活，有一個人獨處的時間嗎？

現代人整天都很忙碌，任誰都有被時間追著跑的感覺吧？光應付工作和私生活的往來，就筋疲力盡了。沒有時間一個人靜靜地思考過去、未來，就是現代人的生活。

而且，現在都是透過ＳＮＳ，隨時與某些人相連結。說白了，沒有連結還會覺得不安。所以，晚上回到家也是手機不離手，忙著發訊息、回訊息。

但是，不論有多少個ＳＮＳ的朋友，其中又有幾個人可以商量人生之類的煩惱呢？這只是我的猜測，恐怕有兩、三個就不錯了，一個也沒有的情況想必也不少。當然，群聚也不是壞事。我只是覺得，偶爾離開群聚，擁有一個人的時間，對人生來說有很大的意義，遠遠超過群聚。

「七走一坐。」

這句禪語是說，奔跑七回，就該停止一回，安靜坐著，審視己身。可以說是為不停被時間追著跑的現代人，敲響警鐘的一句話。

不停下來重新審視自己，就看不清楚自己是怎麼樣的跑法、往哪裡跑。既不能修正跑步的速度，也不能確認方向，最後也可能迷失自我。所以，跑幾回就該停止一回。「停止一回」，可以組合成「正」字。停下來重新審視，就能知道自己走過的路是否正確。

群聚就像泡在溫水裡，所以，要離開那裡或許需要膽量。但是，請各位務必嘗試養成那樣的膽量、厚臉皮。

「我每個禮拜都會有一天是一個人獨處的時間，這一天我都不會回ＬＩＮＥ喔。」

發表這樣的聲明就行了。剛開始，朋友圈內的氣氛會有點怪，可能會有人說：「搞什麼嘛，變得這麼難相處！」但是，不用擔心，這種時期不會維持太久。總有一天，周遭人會認同這樣的生活形態。所謂群聚的「團結」，還有那種程度的寬容。

「人唯有在獨處時，方能成為真正的自己。若有人不愛獨處，就是不愛自由，因為人唯有在獨處時才是自由的。」

這是德國哲學家叔本華的名言。讓我們一個人獨處，自由地、徹底地重新審視自己吧。

所謂孤獨就是自由。
重新審視自己，能使臉皮變厚。

如何與價值觀不同的人相處

每一個人都有自己的看法、想法，價值觀也不一樣。例如，對於生活基礎的金錢的價值觀，有人會像道地東京人那樣，擺闊說「不留隔夜錢」，是有多少錢就花多少錢的類型，也有人會以穩定為座右銘，努力節省、儉約。

或許，有人會覺得很難與價值觀不同的人相處。但是，會這麼覺得，是不是因為試著去配合對方的價值觀呢？明明在想法、看法上，都真心覺得「不太一樣」，卻還是附和對方說「對啊、對啊」。

有時，是不是會覺得那樣的自己很沒用，因此感到沮喪？配合對方，是希望能被當成「好人」、被當成「通情達理的人」吧？

因為害怕受傷，所以在與對方相處時，會壓抑自己的情緒、抹殺自己的想法。但是，這麼做不但會痛苦，也會很悲慘。

即使對方因此非常喜歡自己，也不是喜歡上真正的自己，而是喜歡上配合對方的虛像。看起來再親密，也不能說是人與人之間真正的連結方式吧？

有這麼一句短短的禪語。

「露。」

意思是表露無遺，毫無隱瞞。以一般的話來說，就是「原原本本的自己」、「不加修飾的自己」。當然，人際關係是多層的、是複雜的，所以不可能做到字面意義的「露」。但是，不要偏離太遠、不要遺忘「露」的自己，是非常重要的一件事。

看法、想法、價值觀不同，都不妨厚著臉皮，坦然告訴對方。不過，在表達方式上，必須費點心思。

「我認為那樣不對，應該這麼思考。」

「不對、不對，不是那樣吧？那樣不是有點奇怪嗎？」

這樣直接反駁，不僅會觸怒對方，也是把自己的看法、想法、價值觀硬塞給對方。首先，要邁出向對方表示理解的第一步，這點非常重要。

「沒錯，那也是一種想法。不過，我的想法不太一樣，我是這麼想的……」

人得到理解，都會很高興，不會對理解自己的人抱持反感或敵意，也會試著去理解對方。認同彼此的差異，就能形成相互理解的關係。那是在沒有遺忘「原原本本的自己」的狀態下，連結在一起的關係。

這樣的關係，會有更好的透明度，不會悲慘，也不會痛苦。總讓人擔憂煩惱的人際關係，也會變得其樂無窮。

在詩人金子美鈴的作品《我、小鳥、鈴鐺》中，有這麼一句話。
「大家都不一樣，大家都很好。」
從這句話感受到的寬廣、情感豐富的心，是美好人際關係的基礎。
各位，讓我們從表達不同的自己開始，走向那樣的境界吧。

不要配合他人，
要有表達不同的自己的厚臉皮。

發掘長處就能活得有個性

關於長處和短處，我們在前面章節談過了。各位之中，應該也有人「想成為有個性的人」、「想活得像個性派」。但是，應該也有很多人還不太清楚，怎麼做才能實現那樣的願望。

起點就在於長處。發揮長處，把長處磨亮，就是成為有個性的人的捷徑。我曾聽過以下的故事。

大倉飯店是代表日本的名門飯店，以前有個在那裡當門侍的人，會牢牢記住常客的臉和名字，在打開門的時候說：

「〇〇先生（小姐），謝謝您的經常光臨。」

「△△先生（小姐），有段時間沒見到您了，您還好嗎？」

猜也猜得到，飯店客人聽到這樣的話會有什麼感覺。自己不過是個飯店客人，對方卻記得自己的名字。想必客人的心情一定非常好，也非常感動。一踏入飯店，就覺得受到了最頂級的接待。

他在飯店業界也是很有名的門侍，成了無人不知無人不曉的存在。他就是靠著磨亮記得住名字和臉的長處，成了無人可仿效的「個性派」。

如果擅長與人接觸，就徹底磨亮那個長處吧。例如，想想如何做會讓對方心花怒放、怎麼樣的說話方式可以把心聲傳遞給對方、如何傾聽對方說話才能讓對方容易啟齒……該磨亮的重點太多了。當某天，周遭出現這樣的聲音：

「跟她說話，心情就會緩和下來，像她那樣的人很少見呢。」

就表示個性發光發亮了，各位不這麼覺得嗎？

不過，各位之中可能也有以下這樣的人。

「我不清楚自己的長處是什麼，不，應該說我有長處嗎？」

我想也有人找不到自己的長處吧？

若是這樣，就試著回想自己小時候喜歡過什麼？曾經迷戀過什麼？

「對了，我小時候好像一直在畫畫。」

這樣的人是喜歡畫畫。喜歡做的事，應該就是擅長的事，有極大的發展性。所以，就磨亮這件事。或許，可以把賀年卡、季節問候、謝函或通知函，都做成繪畫卡片寄出去。

收到的人一定會覺得，總是寄繪畫卡片給自己的「那個人」，是個擁有美好性格的人。

「我常常看足球賽，總是把自己當成教練，思考如何指揮選手。」

如果是度過了這樣的孩提時代，可能是對「指揮人」有興趣，或許可以從中找到長處。說不定學習如何指揮人，以後會成為小組組長，發揮獨特的個性。

認知自己的長處，就能擁有真正的自信，也能培養出「厚臉皮的自己」。

磨亮長處，就會湧現自信。

把煩惱當成樂趣的方法在於「知足」

人有煩惱時，往往會被「為什麼是我！」的想法困住。例如，這種時候……

「為什麼我老是為這種小事煩惱呢？他就完全相反，總是悠哉悠哉，一副沒煩沒惱的樣子，真想跟他一樣有厚臉皮的大條神經。」

這世上沒有沒煩惱的人。煩惱是人活著的證據。看起來悠哉悠哉的人，說不定有更多、更深層的煩惱。

要說哪裡不一樣，應該是面對煩惱的方法吧。有句關鍵性的禪語。

「知足。」

如字面意思，就是指「知道滿足」。釋迦牟尼佛如是說：

「知足之人，雖臥地上，猶為安樂。」

意思是知道滿足的人，即使過著就地而寢的生活，也能安樂自得，感到幸福。

所謂知道滿足，就是不管身處何種狀況，都能以「感恩」之心面對。

當然，身處困境，是一件痛苦的事。但是，何不把那個困難當成是用來克服的試煉，克服了，自己就能更上一層樓。

這樣就不會被困難折騰，因此煩惱，會把困難當成試煉、當成讓自己更上一層樓的機會。能夠得到機會，不是應該感恩嗎？而且，活用機會不也是一件快樂的事嗎？

不在乎煩惱之類的事，總是老神在在的人，一定是這樣的心態。人生有高山也有低谷，沒有一直處於高山頂上的人生。

即使有那樣的人生，又能從中感受到喜悅和感動嗎？如果看的景色，都是從山頂看到的絕景，會覺得「搞什麼啊，又是同樣的景色」，感受不到絕景的美。

若是靠自己的腳，從深谷努力往上爬，每爬高一點，都能從那裡看到不同的景色。三成高度有三成高度的美麗景觀，五成高度有五成高度的美麗景觀。

邊欣賞那樣的風景邊爬上頂峰，再從頂峰眺望絕景，才能對那樣的美景產生喜悅，也會有滿滿的感動湧上心頭吧？

在人生各個時段所處的境遇，不管多困難，都不可能避得開，也不可能從那裡逃走。這時候，鑽進煩惱的死胡同，滿口怨言也沒有用。

「得到了很棘手的『機會』呢，但是，值得感謝。克服了它，不知道能遇見怎麼樣的自己呢？好期待。」

沒錯，必須馬上作好攀登的準備。
接下來，只要竭盡全力，苦中作樂地爬上去就對了。

厚臉皮的人，連有煩惱都會「感恩」。

不要把自己的重要時間濫用在他人身上

各位的周遭有沒有這種「受歡迎的人」呢？

「他（她）真是個好人呢，不論什麼時候都是隨叫隨到。」的確有這樣的人，不論酒聚或任何聚會，都是「有約必應」。這樣的好相處、隨和，就是受歡迎的原因。但是，推敲這種人的內心，想必有「不好意思拒絕」、「不答應可能會被討厭」的恐懼。

應該有不少人覺得自己也是這樣。明明心裡不願意又不敢拒絕，會被當成對他人的體貼、好人一個，或是懦弱。但是，因此浪費的時間，也可以說是被他人奪走的時間。

而且，周遭人所說的「好人」，也值得懷疑。這麼說或許有點殘酷，但我必須說那樣的人並不是具有個人的魅力，而是對周遭人來說是「好配合」的存在，說穿了，就是個「好用」的人吧。

不言而喻，時間是有限的。不要為他人削減自己的時間，要以自己為「主人」去使用時間，這才是時間使用方法的王道。對了，「主人」也是一句禪語。

意思就是以自己為主體，簡單來說，就是採行自己風格的做法。關於時間，趙州從諗禪師說過以下的話。

「汝被十二時辰使，老僧使得十二時。」

某僧去拜訪趙州禪師時，如此詢問：

「時時刻刻在流失的一天二十四小時的時間，該以什麼樣的心態度過呢？」

趙州禪師以前面那句話回答了這個問題。意思是，你們都是被時間這樣的東西所用，我是反過來充分運用所有的時間。這就是以主人的身分，面對時間。也可以說，那種姿態就是不受時間擺布、也不被時間追著跑，而是隨時保有活在時間當中的真實感。

「我也會充分運用所有的時間啊，請看我的行程表，排得密密麻麻呢。」

也有這樣的人吧？手冊或手機的行事曆，雖然填滿了預定行程，裡面卻全是跟朋友嘻嘻哈哈吵吵鬧鬧的聚會。這樣的人，就跟前面所說的「受歡迎的人」沒什麼不同。

當然，我不是說嘻嘻哈哈、吵吵鬧鬧不好，而是說時間使用方式的抑揚頓挫非常重要。要把自己的人生放進視野裡，思考當下能做、該做的事。

並且，為那件事優先使用時間。「受歡迎的人」的稱號，或「便利屋」的招牌，對自己都沒多大的幫助。為了自己，是不是應該更「任性」一點呢？

至於做什麼事，每個人不一樣。可以為將來的獨立門戶做準備，去考證照、學習必要的技能，也可以為了提升個人的才華，去閱讀、去接觸繪畫或音樂等精湛的藝術。或者，為了讓自己活著時能以身為日本人為榮，重新去認識相關的歷史及傳統。

像這樣，以自己為主人充分運用的時間，無庸置疑會成為推動力，促使自己實現自我風格的人生。

不要被時間所用，
要成為「主人」充分運用時間。

擺脫金錢及頭銜就能推心置腹地交談

有「肝膽相照的友誼」這麼一句話。現在請各位想想，真的可以推心置腹地交談的朋友、心靈相通的朋友。跟那個人什麼時候認識變成了好朋友，我想每個人都不一樣，但是，那樣的關係應該都有一件事可以確定。

這件可以確定的事，就是不存在任何利害關係。

「跟這個人往來，一定會有好事。」

「跟那傢伙成為好朋友，不管什麼他都一定會請客。」

絲毫沒有那樣的想法，只是因為喜歡對方、意氣相投而結為朋友，這樣才是真正的朋友關係。

然而，出了社會，就很難建立那樣的關係了。大多是透過工作認識，所以與對方之間存在著不少利害關係。因此，在與對方建立關係之時，會把對自己有沒有利益的要素放進去，例如：

「那麼年輕就當上部長，跟他往來，以後對我的工作會有幫助。」

「她是資產家的獨生女，如果跟她成為好朋友，應該會有賺到的感覺。」

「他不愧是名人，有強大的人脈，要想辦法討他歡心才行……」

說白了，就是有利益、有所得才接近，判定沒有利益、會有損失就遠離。

這樣不能成為朋友。工作的緣分斷了以後，關係也會跟著消失。工作結束了，緣分就斷了。

當然，也有成為社會人士後的交往，更深入成為朋友關係的案例。例如，透過興趣或運動認識的人，就屬於這種案例。是所謂的「同好」

關係，不參雜地位、名譽、頭銜、有沒有資產等因素，所以是心與心的結合。可以真誠地成為好朋友。也有人在進展到可以稱為好友的關係後，才知道對方的地位、頭銜，心想：

「哇～原來你官這麼大。」

「因為工作關係而認識的人當中，也有充滿個人魅力的人。我很想在工作之外，跟那樣的人往來。但是，如果那個人的頭銜很大，我就會退縮。」

的確，也有這樣的情形。即便起因是透過工作，也可能遇到想奉為終身之師的人。若想加深與這種對象之間的情誼，一定要厚臉皮。

那個人建立起來的地位與取得的頭銜，絕不是平空而來。是經過不斷的努力、克服種種困難，才有那個人的現在。可以從這一點切入。

「有時間時，我想向社長請教一路走來的歷程，請讓我向社長學習！」

抓到機會，就試著提出這樣的請求。**這麼做需要膽量，但是，放**

心，**對方一定會欣賞那樣的厚臉皮**。因工作目的而貼近對方的人，想必多到數不清，但因個人魅力而緊迫盯住對方的人應該很少。所以，對方會允諾的可能性非常高。

實際上，也有案例是年紀相差很多，簡直就像父子，甚至祖父與孫子，卻還是建立起了好朋友的關係。

這時候的出發點，不能把目光放在對方現在的位置（地位、頭銜……）上，必須放在一路走來的歷程（經歷、困難、經驗……）上。這麼做，就能不害臊地發揮厚臉皮的精神。

想親近「大人物」，
要把目光擺在歷程上，而不是位置上。

第三章

臉皮厚的人善於轉換心情

情緒低落時先做掃除

有人心裡卡著什麼事，或情緒低落，就很難重新振作起來。例如，在工作上犯了錯、人際關係沒處理好、說話傷了人等等……這些事都會縈繞心頭，沒辦法轉換心情。

當然，每個人都會有情緒低落的時候。但是，善於轉換心情的人，知道一直沮喪下去也於事無補。這個想法就是轉換心情的原動力。

「犯錯很糟糕。現在最重要的是，弄清楚犯錯的原因，以免重蹈覆轍。」

把後悔、煩惱犯錯的時間，用來立即弄清楚犯錯的原因。採取如此積極正向的態度，就能轉換心情。

若是人際關係沒處理好，不妨稍微思考一下，如何改善那個問題。若是態度傷了人，就深入反省，想想為什麼會這樣。

「原來，我會下意識地避開對方。今後，試著主動跟對方打招呼吧。」

「都怪我太心直口快，才會傷到對方，以後要注意措辭才行。」

這麼想的時候，心情已經轉換了。在周遭人眼中，是可以很快振作起來、臉皮很厚的人，都是在情緒低落時可以如此應對的人。我認為，這可以說是一種習慣。

「我們造就習慣，然後習慣成就我們。」

這是英國的詩人兼文藝評論家、劇作家約翰・德萊頓的名言。首先，要竭盡所能做前面所說的處置。漸漸地，那樣的處置成為習慣，就能變成很快振作起來的人、厚臉皮的人。

或許，有人會說習慣沒辦法說變就變。若是這樣，請試著動動身體。

從禪的思考來說，在情緒低落時，會建議動動身體。其中，最好的做法是「掃除」。竭盡全力動著身體，就不會想太多。

而且，掃除能讓空間變得乾淨整潔。想必各位都有經驗，待在整理過的空間裡，會覺得神清氣爽、心情愉快。無論是鬱悶的心情，或沮喪的感覺，都會被完完全全一掃而空。

禪有這麼一句話。

「一掃除二信心。」

信心是以佛教為志向的人不可或缺的東西，也是最基本的東西，但是，禪把掃除擺在更重要的位置。因為，掃除不僅能掃去塵埃，把空間磨亮，也能掃去心中沾染的塵埃，把心磨亮。

掃除所蘊含的意義十分深遠，遠超過各位的想像。

覺得沮喪，就先做掃除，這是最快最簡單的轉換心情的方法。
讓這種禪的處理方式，及前面的應對成為習慣，情緒低落時的對策就萬無一失了。

竭盡全力動著身體，就不會想太多。

討厭的事不要延續到隔天

人每天都會有種種境遇。有的境遇讓人快樂、歡欣雀躍；有的境遇讓人痛苦、留下討厭的感覺。會一直掛在心上的，恐怕是後者。

覺得工作上的客戶不講道理、被朋友的話傷害、男女朋友吵架等……在各種場合、各種狀況發生的討厭的事，會在心裡捲起漩渦，讓我們悶悶不樂、耿耿於懷。有時候，還會因此一整晚都無法入眠。

然而，耿耿於懷能抵消那件討厭的事嗎？當然不能。非但不能，而且一直去想還會被那件事絆住，無法從那裡向前跨出一步。心無法變得積極正向。

以機智聞名的一休大師（一休宗純禪師），有過這麼一則趣聞。

某天，一休帶著弟子進城。兩人從烤鰻魚店前面經過時，醬汁的焦香味飄到了馬路上。一休不由得喃喃說道：「嗯～聞起來很好吃。」

回到寺廟後，弟子請示一休大師：「師父，剛才飄來鰻魚的味道時，您說『聞起來很好吃』，可是，學佛的人說那種話好嗎？會不會有失莊重？」一休若無其事地回他說：

「怎麼，你的心思還在鰻魚那裡啊？我早把聞起來很好吃的感覺留在鰻魚店前了。」

在聞到鰻魚香味的瞬間，覺得「聞起來很好吃」是無可厚非的事。但是，把那個感覺一直掛在心裡，就會被那件事絆住，覺得「沒吃到很遺憾」、「好想吃」，心無法平靜下來。

在種種場合，都把感覺留在現場，心就能保持平靜。這就是一休大師話中的意思吧。

覺不覺得這則趣聞，帶給了我們啟發？在某個瞬間覺得「討厭」，是無可厚非的事，有那樣的感覺也沒關係。**重要的是，把那個感覺留在現場，當場斬斷。**

斬斷那樣的感覺，心就會變得正向積極，可以再往前走。例如，遇到不合理的對待，可以如下思考。

「我要提醒自己，不要那樣對待工作上相關的人。」

這樣，就能以討厭的事為戒，讓自己在為人處事上有所成長。

如果被朋友的話傷害，就試著把這件事直率地告訴對方。這麼做，大有可能強化與朋友之間的牽絆，更加深友誼。

情人之間的爭吵，也不要停留在「好討厭、好討厭」的階段就算了，一定要找出原因。如果錯在自己，隔天說聲「對不起」，可以成為關係變得更好的契機，也能因此進展到下一步。

「這個道理我懂，可是，我就是會『延續』的類型啊。」

也有這樣的人。如果是這樣，不妨試著把注意力集中在「當下」能做的事情上面。除了延續悶悶不樂的心情之外，難道沒有其他當下能做的事嗎？

想把今天討厭的經驗有效地運用在明天，就一定有當下能做的事。去思考並實踐那件事，把心的方向轉往那裡，就沒有時間悶悶不樂了。

討厭的感覺，留在現場就好。

太計較得失，心會變得狹隘

在做什麼事時，人都會在心中某處暗暗計較得失。在工作上，會思考做這份工作是失是得。與人往來時，在頭腦某個角落，也一定會有「與此人往來是失是得」的想法。

即使知道把得失置之度外是件「了不起」的事，也沒有用，因為那是人的業。但是，可以超越。

例如，上司把工作分派給自己和同事。同事的工作內容，似乎比較能展現成果，也比較能獲得好評。相較之下，自己被分派的工作，若是偏向幕後，不會成為評價的對象，可能就會這麼想：

「好像吃了大虧，如果工作能反過來就好了……」

這時候就是在計較同事的工作是獲利，自己的工作是損失。問題就是從這裡開始的。若是羨慕獲利的同事、為損失的自己嘆息，一直這樣計較得失，可想而知會是怎麼樣的工作態度。

認定是損失的工作，就不可能投入熱情，或許不至於隨便亂做，但很可能會偷斤減兩。此外，因為有輸給同事的感覺，所以自己可能會變得自卑。

然而，**就算覺得是損失，那份工作會分派給自己，也是一種「緣分」**。禪最重視這樣的緣分。得到的緣分，要有效利用，這就是禪的思考。

以工作來說，所謂的有效利用緣分，就是竭盡所能去完成那件工作。這樣，沒有失也沒有得，已經超越了得失。

有損失的想法，就會覺得工作無聊或無趣。活躍於幕末時代，組織過奇兵隊的長州藩士高杉晉作，曾留下這麼一首歌。

「我會將無趣的世界，變成有趣的世界。能否做到，視心而定。」

關於這首歌，前半部是高杉作的，後半部的「能否做到，視心而定」，據說是高杉臥病在床時，負責照顧他的女流歌人野村望東尼作的。

意思是，即使活在毫無樂趣的世間，也能靠心的狀態（抱持的態度），活得很有趣。

工作沒有無趣、有趣之分。讓工作變得無趣的是自己的心，讓工作變得有趣的也是自己的心。

得到的緣分，要有效利用。難道不能只這麼想嗎？只要盡了全力，一定可以從工作找到快樂、找到樂趣。我們周遭，不是也有人工作得很開心、工作得很快樂嗎？

這並不是因為那個人做的是開心的工作、快樂的工作，而是因為那個人使盡了全力在工作，所以看起來像是那樣。

與人往來也是一樣。必須拿出所有的誠意，對待有緣相遇的人。這樣就能產生心的交流，建立起美好的關係。與計較得失的關係相比，簡直就是另一種次元的連結。

計較得失，心就會變得狹隘。所以，會一直注意同事的工作狀況，又擔心自己的工作評價。但是，超越得失，心就會海闊天空，變得柔韌有彈性。不論在工作上、與人往來上，都能展現豁達的胸襟。

請務必有效利用緣分。

能有效利用緣分，就能超越得失。

自己的機遇不好，不要「怪罪他人」

人身處逆境，或身陷困境時，往往會向外尋求原因。例如，覺得老是被分派不見天日的工作的人，會這麼想：

「課長是不是把我當成了眼中釘呢？我老是被分派到這種工作，都要怪那個課長！」

其中最典型的例子，就是認為自己的不幸，都要「怪現在的社會」。但是，這樣實在太窩囊了。逆境也好，困境也罷，都只有自己可以改變。

怪罪他人，自怨自艾，改變不了任何事。試想，自己所處的環境，有可能具備所有對自己有利的條件嗎？不可能。

有有利的條件、狀況，也有不利的條件、狀況。如何把不利轉換成有利，就是禪的發想。

我向客戶提出「禪意庭院」的設計，有時一開始也得不到好的回應。但是，我不會想「都怪客戶什麼都不懂」，而是想：

「我要製作精密的完工模型，設法讓客戶了解我要做的東西。決定了，我要一直做到讓客戶說出『很不錯』這句話。進入造園階段，更要努力讓客戶說出『太好了，完成了傑作』這種話。」

這就是枡野流。或許這樣的表達方式有欠妥當，但我還是要說，有「你這個混帳」、「這哪算什麼」的心情非常重要，會成為把不利轉換成有利的推動力。

把這種心情當成發條，上司指派的「那種工作」也會有不一樣的完成度。做出來的優異結果，甚至可以壓倒性地超越上司的預測。

「居然能做到這樣，嗯～服了你了。」

即使沒說出口，只要上司流露出那樣的氛圍，就「分出勝負」了。這樣的結果，一定能進而改變與上司之間的關係。

「那小子還滿能幹的嘛，下次派給他重要的工作吧。」

也可能進展成這樣。評價會直線往上升。相較於對上司滿口怨言、磨磨蹭蹭的人，有天壤之別。在人際關係上也是一樣。

「都怪他不了解我，關係會搞得這麼僵，都是他的錯。」

這麼想的期間，關係都不會有改善。只有憑著「這哪算什麼」的精神，想辦法讓對方了解自己，才能改變那種不利的狀況。

但是，努力讓對方了解自己，並不是要討好對方，也不是要奉承對方。而是**要堅定自己的意志，發揮影響力使不利轉為有利**。

以這個意義來說，就是腳踏實地的作為、大無畏的行動。這時候，心不能太軟，必須有「這哪算什麼」的強大意志作支撐。

不論處於任何狀況，都請不要忘記把不利轉為有利的禪的發想。從那裡出發，就沒有改變不了的狀況。而且，我認為，那個發想也是厚臉皮的根源。

把不利轉為有利的禪的發想，可以改變任何狀況。

「可是……」是不行動的藉口

有句俗話說：「爛思考等同於休息」。原本是下圍棋、將棋時所說的話，意思是沒有實力（技術爛）的人，再怎麼想也想不出好的步數，所以，等於是在浪費時間（在休息）。

關於煩惱，也是同樣的道理。再怎麼深入煩惱，也找不到解決方案。非但如此，煩惱還可能如滾雪球般，越滾越大、越來越深。例如，覺得與職場的上司處得不好，因此感到煩惱，心想：

「課長是不是嫌棄我呢？」

一開始煩惱，思緒就停不下來了。煩惱會召來更多的煩惱。

「好的工作不可能派給嫌棄的人，我待在這裡，恐怕永遠不能出頭天。」

「不，說不定哪天突然就被裁員了。在這種世道，萬一失去工作，以後要怎麼活下去……」

就像這樣，煩惱會進展到「生死相關」的程度。然而，現實中發生的，只有與上司處得不好這件事。而且，那也只是「自己覺得」，根本不知道上司實際上是怎麼想的。

該做的是，具體採取行動。例如，向容易啟齒的前輩或同事，坦白說出自己的感覺。

「我覺得我和課長之間的關係一直不好，課長是不是嫌棄我呢？」

有句話說「旁觀者清」，意思是周遭的第三者，會比當事者更容易看清楚事實真相。向前輩或同事詢問，在他們眼中上司與自己之間是什麼樣的關係，是大有意義的一件事。

「我不覺得課長和你之間的關係特別不好啊，他對你跟對其他人並沒有什麼不同。你覺得被嫌棄，是你想太多了吧？」

如果第三者這麼回答，應該就是這樣沒錯。因為某個緣由，認定「可能被嫌棄」，就會形成偏見。被嫌棄的意識，會動不動就浮現腦海。最後，演變成經常被命令加班是因為「被嫌棄」、提出的企劃案一直等不到回覆是因為「被嫌棄」……

尋求第三者的客觀意見，就能排除這樣的偏見。

「可是，萬一第三者的意見也是『看來你是被嫌棄了』，該怎麼辦？我怕知道真相……」

當然，也有這種可能。但是，既然是事實，也只能接受，繼續往前走。請那位上司挪出時間，向他請教自己面對工作的態度是否有問題？目前的工作方式是否有錯誤？也是繼續向前邁進的方法之一。

無論如何，只要採取行動就會有結果。然後，總會有下一個方法可以因應那個結果。

既是精神科醫生，也是有名的散文作家齊藤茂太，曾說過這麼一句話。

「以『可是』來寬容自己，人生就會慢慢往後退縮。說太多『可是』，最終只會換來『當時真該那麼做』的後悔。」

「可是」是不行動的藉口。何不把這兩個字封鎖了？這樣，一定能動起來，走出煩惱，邁向解決之道。

從「可是」出發無濟於事，
厚著臉皮行動方能找到解決之道。

臉皮厚的人會準備「腹案」

工作免不了做種種交涉。面臨交涉時，當然都會擬定戰略，但是，不管多麼縝密地謀劃戰略、戰術，畢竟有對手存在，所以未必都能奏效。

隨時都有可能發生「不該是這樣」的狀況。這時候，會出現夾著尾巴落荒而逃的人，以及更糾纏不休的厚臉皮的人。

其實，有個秘密支撐著那樣的厚臉皮。那就是「腹案」，亦即事先在心中想好的其他提案。倘若只有一個方案，當對方面露難色說：

「不行，這樣的話，我們可能無法接受。」

就會立刻陷入僵局，只能鎩羽而歸。但是，**備有發想及方向性不同**

的腹案，就能當場落落大方地再次提案。

我要去做「禪意庭園」的設計簡報時，也一定會準備腹案。在做設計前，我會與客戶討論，盡可能了解對方的需求。儘管如此，還是會出現「這裡不符合需求」的狀況。

這時候，我會提出腹案。於是，案子就能繼續談下去，有不少案子因此達成協議。

「第一個方案幾乎很完美了，不過，唯獨這個部分，可以依照腹案做變更嗎？請照這樣去做。」

結果通常是這樣。試圖只用一個方案闖關，對方很可能會有壓迫感，產生抗拒，提出「請全部重做」的要求。

以工作上的交涉來說，就是「請作廢」的狀況。這之前的討論，統統白費了，是最糟糕的結果，不能厚著臉皮再糾纏下去。反過來，若是備有腹案，任誰都能厚著臉皮糾纏下去。

想要擬定那個「有用」的腹案，重點只有一個，就是在討論階段要非常仔細地聽對方說話。

在交涉及推銷時，往往最重視說話，其實不對。最重要的是傾聽能力。如何在側耳傾聽對方說話時，引對方說出想法和需求，才是勝負所在。

實際上，善於交涉的人、能幹的業務員，無一例外都是傾聽高手，與對手接觸的時間幾乎都在傾聽。單方面口若懸河地說一堆推銷話語的人，無法掌握對方的需求，做不出成績。

各位當中，或許有人因為說話不夠流暢，所以害怕交涉或推銷。這是天大的誤會，請立即更正認知，傾聽能力才是最強的武器。

「**清寥寥白的的。**」

這句禪語的意思是，心平靜清澈，毫無算計。這是傾聽對方說話時，最重要的心態。把希望交涉能夠順利、商品可以售出的「算計」，從內心趕出去，把全副精神放在傾聽上就對了。

這麼做，應該可以詳細了解對方的需求。接下來，只要擬定主要方案和腹案。帶著這兩個方案去，就能厚著臉皮，死纏活纏地進行交涉。

擬定腹案的最大重點，在於「傾聽能力」。

呼吸可以增厚臉皮

各位也經歷過很多次緊張的場合吧？在工作上，最具代表性的場合，應該是重大案子的交涉、做簡報、與ＶＩＰ初次面談等……

把視線轉移到私生活上，腦中就會浮現第一次約會、求婚、第一次拜訪未婚夫家、婚禮上的演講等等，與喜事相關的場合。大家公認的抗壓性低的人，在那些場合可能都非常緊張。

很想緩解緊張、撫平心情、冷靜下來的那種感覺，一次也沒有過的人，恐怕很少吧？

想要做到，最好的辦法絕對是「呼吸」。**也就是坐禪時用的「丹田呼吸」（詳細說明請見第２０６頁），沒有比這個呼吸法更好的「調**

整」心的方法。現在，我每年都有很多機會在國內外演講，以ＮＨＫ為主的電視節目通告也逐漸增多，但是，讓我印象最深刻的，還是第一次受邀演講的時候。

當時，我只在喪禮上對大眾講過佛法，從來沒有過演講形式的經驗。除了緊張還是緊張。老實說，連心臟撲通撲通跳的聲音都聽得一清二楚。那時候，內心有個聲音對我說：

「呼吸、呼吸。」

我這才發現，自己用的是很淺的胸式呼吸。馬上轉念，當場做起丹田呼吸。深～深地、長～長地呼吸，連做幾次後，肩膀自然放鬆了，心也平靜下來了。然後，就能以平常心進行演講了。

緊張、焦慮、慌亂時的呼吸，會變成短而淺的胸式呼吸。有自覺地將那樣的呼吸切換成丹田呼吸，能把心穩定下來，恢復冷靜。

所謂的坐禪三要素，是「調身」、「調息」、「調心」。意思是依序調整姿勢、調整呼吸、調整心。此三者彼此深深相關，姿勢調整好了，呼吸就順暢了，心也隨著協調了。

做丹田呼吸，首先要挺直背脊、調正骨盤。不擺出這個姿勢，就不能深深地、長長地呼吸。所謂丹田，是在肚臍下面兩寸五分（約七點五公分）的位置。

把注意力擺在丹田上，以吐出那裡面所有空氣的感覺，慢慢地吐氣，全部吐光。吐光後，空氣自然會進來，所以不必有自覺地吸氣。跟吐氣的時候一樣，請以氣慢慢落入丹田（吸入）的感覺進行。

緊張的時候，想讓心平靜下來，也看不見心，所以該怎麼做呢？沒辦法直接對心作任何處置。但是，可以靠自己的意識調整姿勢，還有呼吸。

調整好這兩者，就能讓心平靜下來。這個「姿勢與呼吸與心」的關係，應該是達摩祖師在反覆的禪修行中發覺的。靜靜地坐著，進行丹田呼吸，心就會變得清澄、協調。達摩祖師應該是有過這樣的體感。

可能的話，不妨培養大清早敞開窗戶，在新鮮空氣流入時，連做幾次丹田呼吸的習慣。這樣，可以讓一天從平靜的心情開始，身體也會記住丹田呼吸的訣竅，不論何時何地都能瞬間切換呼吸。

那樣，等於是直接帶著禪的智慧活著。覺得緊張、心慌時，就取出這個禪的智慧，找回平靜、沉穩的平常心。

呼吸，會讓你的心變得沉穩。

與上司保持距離的方法

在所有人際關係中，最常見的煩惱話題，應該是公司裡的人際關係吧？因為在辭職的前幾大理由中，經常被提起的就是對公司裡的人際關係感到疲憊，再也無法忍受。

公司裡的人際關係無法選擇，所以，即使是情感上不喜歡，或個性不合，也不能不往來。有時候，會因此形成壓力。重要的是如何保持距離。

「如果對方是上司，我們就只能配合吧？討他歡心，我們也好工作……」

這是最省事的應對方式。上司也是人，或許會比較疼愛不忤逆、言聽計從的部下。但是，配合的一方會怎麼樣呢？

會因為不得不忍耐，而陷入心情抑鬱、苦悶的精神狀態，飽受折磨吧？**配合的「代價」並不小。**

這時候，不妨下定決心，厚著臉皮把自己的感覺告訴上司。拿出「不惜一切」的氣魄，上司應該也會正面接納。

透過掏心掏肺的交談，去除「沒辦法喜歡」、「個性不合」等因素，也不是什麼稀奇的事。

另外，也可以有這種想法。在公司的人際關係，是怎麼樣的關係呢？不管是上司或部下，完成工作都是最優先的目的吧？既然這樣，只要在自己的位置上，想著如何努力達到那個目的就行了。

個性上不喜歡、脾氣合不來，都是其次。除非是很嚴重的權力騷擾型上司或精神暴力型上司，否則不太會因為脾氣不合，就摧殘盡全力做自己該做的事的部下。

即使是那樣的上司，也有上級和周遭人在看著他，總有一天，那樣的上司一定會受到嚴厲的指責，因此失去顏面和立場。也有以下這麼一句禪語。

「悟無好惡。」

意思是百分百認同他人原原本本的樣子，就不會有好惡。會覺得討厭、不合，是因為自己對他人有所期待，希望他人「是這樣的個性」、「是這個模樣」。

然而，要把他人變成自己期待的模樣，根本不可能。既然這樣，就百分百認同吧。各位不覺得這樣比較輕鬆嗎？

「他就是這樣的人，每次說話都冷嘲熱諷。」

「他就是這樣的人，對什麼事都抱持扭曲的想法。」

認同了，就會知道該如何保持距離。可以不要離太遠，盯著他看，把他當成反面教材。也可以遠遠拉開距離，只有在工作上必要時才跟他往來。

當然，那麼做的大前提是，必須盡全力做好自己該做的事。用自己的距離感與對方往來，就是堅持做自己。想必，這就是人際關係中的厚臉皮。

百分百認同對方原原本本的樣子，就不會有好惡。

不是活得像應有年紀，要活得像自己

邁入所謂的老年時期，會因人而異出現很大的差別。有人會完全凋萎，逐漸衰老，有人會越老越有精神。這兩者的區別，在於對老的看法、想法的不同。

前者對老所產生的變化很敏感，對所有小細節都在意得不得了。

「啊，多了這麼多皺紋，皮膚也都沒有彈性、光澤了……果然老了。」

「肚子凸這樣，已經沒救了，我是不是老了？」

就像這樣，以「老＝衰弱」的結構來理解老。或許，可以說是對老這件事有先入為主的負面印象。

因為腦海裡有老的自己，所以，做任何事都會想應該符合應有年紀。例如，必須做應有年紀的打扮、要與應有年紀的人往來……太過嚴厲地逼自己配合年紀，簡單來說，就是被年紀綁住了。

相對於此，後者只想到當下的自己。**面對的是，自己當下能做的事、想做的事**。所以，想做年輕的打扮就會去做，也會與年紀差很多的人往來。相較於前者，應該說是活得「像自己」。

對商業人士來說，退休年齡是一個段落。對於這個段落的看法，想必兩者也不一樣。

「到退休年齡只剩下五年了。」

這是應有年紀派。但是，「自己派」不一樣。

「到了退休年齡，該做什麼呢？這五年是準備期。」

前者只看到退休年齡這個終點，後者的目光卻擺在退休年齡後的全新開始。在我的朋友當中，有這麼一個人。

他就職於投資相關的美國企業的不動產部門，某年，那家企業把不動產部門賣給了日本的企業。他的業績向來很好，所以，應該可以在收購的日本企業工作到退休年齡。但是，他說：

「差不多是時候了，不做了。」

很乾脆地放棄了那家公司，開始做自己一直想做的事。各位知道他開始做什麼嗎？是個美食家也喜歡喝酒的他，活用自己的「興趣」，開了酒店。

是一家收集很多日本各地的酒，站著喝的酒店。而且，形態非常特別，完全不提供食物，但可以帶外食進去吃。也被晚報報導過，聽說生意非常好。

這個案例在退休年齡前就轉行了，是「活得像自己」的代表例子。與屈指算著退休年齡前的時間，只會感嘆的「應有年紀派」，有天壤之別。那種踏入完全不同領域的氣力、體力，恐怕連年輕世代都要甘拜下風。

活得像自己，就不會被年紀綁住，對老的感覺會比較遲鈍。那樣，當然會顯得年輕。想成為那樣，關鍵之一就在於作好事前準備。

從退休年齡的五年前，可能的話從十年前，就要找到想做的事，著手作準備。有了萬全的準備，當然也可以像前面的案例那樣，在退休年齡前轉行。

此時能下定決心，從「應有年紀派」轉舵為「像自己派」，就是「厚臉皮」。

對老的感覺比較遲鈍，就會顯得年輕。

第四章

要厚著臉皮消除憤怒，不要積壓

不要跟憤怒的人站在同一個相撲台上

這世上充滿了壓力的來源。尤其是在資訊化進步、速度感不斷加快，經濟上卻處於停滯狀態的現代，精神上的負擔可能更大。

源源不斷蜂擁而來的資訊，總是刺激著心，快速的時間流逝也會帶來「被追著跑」的感覺。依然處於通貨緊縮的生活，難免產生裁員或倒閉的不安。

人們的壓力越來越大。在媒體的報導中，有時會看到顯現那種狀態的光景。想必各位都見過，有人會在大眾交通運輸因某種事故延遲時，對站員兇巴巴地破口大罵。

他們把怒氣發洩在站員身上，但是，每個站員都沒有任何責任。生氣的人不是不明白這個道理，只是仗恃著服務人員不敢反駁，所以狠狠地責罵。在我看來，他們就是趁那時候消除了積壓在心裡的壓力。

那是不講理的憤怒、是性質惡劣的憤怒。但是，這樣的風潮正在蔓延。企業對立場薄弱的承包商，提出不合理的要求、擺出霸道的態度，是常有的事。然後，承包商又會對下線承包商做出同樣的事。在公司裡，心情不好的上司，也會把怒氣發在部下身上，以消除怨氣。

壓力和怒氣的矛頭，通常會指向弱者、更弱者。各位也難保不會成為箭靶。當感覺不合理的憤怒、只是在發洩感情的憤怒加諸己身，該如何應對呢？

「那當然不能保持沉默，要斷然抗拒，加以反擊。」

沒錯，稍微強勢的人或許會這麼想。然而，結果只會變成「以牙還牙」，鬧得難以收拾。最後，雙方都不開心，乾脆不理對方，暫時不往來。搞不好，就那樣帶著怨氣從此斷絕了關係。

以怒氣對付怒氣，就是爬上對方的相撲台。「敵人」上來了，當然會挑起對方的鬥志。這麼一來，雙方想退也退不了，不得不展開無防備的對打。不能以怒氣壓制怒氣。既然要往上爬，不妨爬到比相撲台更高的地方。把眼光擺在比相撲台更高的地方，由上往下俯視對方。

「會情緒化地鬧脾氣的你，就是那種程度的人。很遺憾，我不會奉陪。請跟憤怒玩一個人的相撲吧。你實在太可憐了……」

我認為這就是臉皮厚的人的對應方式。**只要不理對方，沒多久對方也會察覺自己一個人過度激動的糗態，不得不收起矛頭。**說起來，這就是「與門簾比腕力——徒勞無功」戰法、「往米糠裡釘釘子——白搭」作戰。

不過，行為表現非常重要。在生氣的人面前委靡不振、垂頭喪氣，就稱了對方的意。知道生氣有效，對方會變本加厲，像在「打落水狗」般，繼續發動攻擊。

「和顏。」

這句禪語是表情和善的意思。禪教我們，要經常以這樣的表情對人。沒有比「實踐和顏」更好的行為表現。以和善的表情，面對口出惡言的人，會讓對方啞口無言。因為和善的表情，又被稱為「和顏施」，跟布施有同樣的效果。以布施回應怒氣，就是厚臉皮的人的對應方式，也是成熟的對應方式。

以名為「和顏」的布施回應怒氣。

最好的報復就是好好活著

各位有沒有過壓抑不了滿腔怒火，心想：「總有一天要讓那小子嘗到同樣的惡果！」暗自發誓非報復不可呢？例如，被信任的朋友背叛、被自己付出一切的情人狠狠一擊、被工作上有往來的人欺騙……

這一類的案例，或許很難壓抑「報復心」。但是，一面虎視眈眈地等待機會，一面作準備，最後「精采地」報復成功了，能打從心底大喊快哉嗎？

我對這件事有很大的疑問。不論對方是怎麼樣的人，陷害人、傷害人，都不會是一件開心的事。洩憤後的暢快只有短短一瞬間。之後，心中會一直留下不好的感覺。

而且，對方被攻擊後，未必會默默承受，大有可能採取更嚴厲的報復。「報復的連鎖」是世上常有的事，歷史也證明了這件事。報復會返回自己身上。

話雖如此，遭背叛的不甘心、被殘酷對待的痛苦、被欺騙的悲哀等，確實也不是別人要我們忘記，就可以馬上忘記的。有人不論經過多久，都抹不去心的悲傷、疼痛。

有這麼一句禪語。

「前後際斷。」

這是道元禪師說的話。禪師以木柴和灰燼為例，來解釋這句話的意思。簡單扼要地說，就是木柴燃燒後會變成灰燼。所以，也可以把木柴視為灰燼以前的模樣，把灰燼視為木柴後來的模樣，但是，道元禪師說不可以這麼想。

木柴是木柴，灰燼是灰燼，各有各的絕對模樣，彼此並無關聯。

依據道元禪師的說明，前（木柴）後（灰燼）際斷，就是前後被截斷的意思。

人活在過去、現在、未來的時間洪流裡。但是，活在當下，無可否認就是現在。那個現在，不是過去的後來，也不是未來的以前。

過去與未來都被截斷，才有絕對的現在（當下）。是不是很難理解呢？道元禪師也曾以四季為例。春夏秋冬四季會不斷巡迴，然而，並不是春天變成夏天，也不是夏天變成秋天、秋天變成冬天。在變遷中，看似相關聯，其實是被各自截斷、獨立，然後呈現出那個季節。

各位，曾經遭背叛、被殘酷對待、被欺騙等事，都是過去。而我們是活在與那個過去截斷的當下（現在）吧？所以，盡心活在那個當下就行了。

想復仇，就是要讓依然是「遭背叛（被殘酷對待、被欺騙）」的自己，活在已經與過去截斷的現在。

那樣活著好嗎？很抱歉，我絕對不要。

在終於可以好好活著的當下，一直感嘆遭背叛、被殘酷對待、被欺騙，不是太可惜了嗎？

那個背叛我們、殘酷對待我們、欺騙了我們的人，看到我們挺起胸膛，毅然決然、好好地活在當下的模樣，會怎麼樣呢？

「我輸了！我認輸了！」

一定會這麼想。然後，對自己的那樣的行為感到羞恥、難堪。

報復是埋葬過去，盡心活在當下。

要有超大的忍氣袋

日文有「忍氣袋斷線」這麼一句諺語。所謂忍氣袋，是心可以壓抑憤怒的空間，說得更清楚一點，就是用來比喻可以包住憤怒的臉皮厚度。現在經常聽見的「容易斷線」的人，都是只擁有非常、非常小的忍氣袋。

容易顯現怒氣的人，被稱為「瞬間沸騰煮水壺」。這類型的人容易在周遭樹立敵人，也很難得到周遭人的支持。人無法一個人存活，必須與周遭人結緣，在那些人的支持下活著。

那是存活的大原則，所以，忍氣袋小的人，當然比較難生存。不僅難生存，一生也可能被憤怒毀了。

要在歷史上尋找這樣的例子，可舉織田信長為例。眾所皆知，他是在眼看就要一統天下時，被心腹家臣明智光秀討伐，最終無法實現宏願。

用來描述信長形象的關鍵字之一，就是「脾氣暴躁」，亦即易怒。他在織田家重臣齊聚一堂時，當眾毆打光秀的軼聞，一直流傳到現在。

在家臣中也算出類拔萃，被視為知性派的光秀，也無法忍受那樣的對待。導致他謀反的理由眾說紛紜，至今沒有「就是這樣！」的定論，但可以確定，信長的易怒是原因之一。

「織田搗米，羽柴（豐田秀吉）捏成天下大餅，德川坐享其成。」

如這首歌所述，最後取得天下，開創長期太平之世的人是德川家康。這位家康曾說過下面這句話。

「憤怒是敵人。」

家康的童年時期在今川（義元）家當人質，之後也幾乎都過著忍氣吞聲的日子。那句話可以說是家康的人生訓示，正好與信長成對比。是緊緊綁住忍氣袋的線，幫他開創了取得天下之路，這點不容置疑。

無獨有偶，海外的從政者也說過同樣意思的話。

「生氣的時候，在說什麼、做什麼之前，先數到十。這樣也壓抑不了怒氣，就數到一百。還是不行，就數到一千。」

這是起草美國獨立宣言的第三代總統托馬斯・傑佛遜說的話。這句箴言與家康那句話不謀而合。

東西方的「取得天下的人」，都強烈以憤怒為戒的這個事實，我認為必須牢記在心。

當然，人生也有應該生氣的「關鍵性」場合，這時候就生氣吧。不過，不要情緒化，要理性化地生氣。因此，在那之前要仔細地、慢慢地斟酌自己的正當性與對方的不正當性。

這麼做，才能讓憤怒也成為「傳家寶刀」。

請各位一定要努力加大自己的忍氣袋。最後，我將為此介紹一句名言。

「憤怒與愚行會並肩行走，悔恨會跟隨兩者而來。」（美國政治家／班傑明．富蘭克林）

怒氣會破壞人生，
忍氣袋會引導人生走向成功。

靠「寫」來消除憤怒的情感

「我不擅長消除憤怒，常常回到家還是怒火中燒。」

或許也有這樣的人。不過，帶著在各種場合湧現的憤怒回家，如果有配偶或住在一起的人願意傾聽你的說法，憤怒就會平息、消失。因為，把想法全部傾吐出來，心就會變得輕盈。

如果是一個人生活，沒有人可以發洩怒氣，就會有點麻煩。喝悶酒、一個人謾罵，也平息不了怒氣，反而會更生氣。尤其是晚上的時段，感情更容易變得激烈、更容易被放大。

但是，在怒氣「未處理」的狀態下，恐怕很難入眠，而且，拖著那樣的情緒迎接早晨，也一定會很鬱卒。

此時，**我想建議的是「把怒氣寫下來」**。要寫成文章，就必須回想發生了什麼事，整理當時發生的事實。在整理的過程中，心情也會平靜下來。例如寫：

（○○公司的A說：「你們公司每次給資料都很慢，想必你們的工作都很輕鬆吧。」對我們公司內部的事毫不知情的人，憑什麼那樣批判我們，世上哪有輕鬆的工作。）

（我看他好像工作得很累，所以離開公司前對他說：「工作很忙嗎？還好吧？」他卻回我說：「不關你的事。」今天他真的把我惹火了。）

（我不過是在電話裡抱怨了一下，他就說：「跟你說話會很煩躁。」那是什麼口氣嘛。然後，就掛電話了。再好的朋友，那種態度也太沒禮貌了。）

寫也是在傾吐怒氣，所以憤怒的情緒會緩和下來。然後，再回頭看一遍寫的東西，也能客觀地重新審視憤怒的來源。

這種「客觀地看」的方法，就是臉皮厚的人對事情的看法。即便自己身陷漩渦中，也能稍微抽離視線來看事情，所以，不會被事情耍得團團轉，感情也不會被挑動。「寫」就是等於擁有那種厚臉皮的人的觀點。

客觀地重新審視，會覺得對方平時說話就有點毒，所以「說那種話」，很可能沒有任何惡意，也不是刻意要傷害自己。

對於朋友的回應，也會想「不關你的事」，可能是「你不必擔心」的意思。

至於朋友的態度，即使自己覺得只是稍微抱怨一下，也可能因為電話講得太久，朋友聽煩了，而且，當天朋友自己的心情也有可能不好吧？既然是好朋友，起碼可以享有這種程度的「任性（以自我為中心的行為）」吧？

擺在心裡想的期間，會塞住怒氣的出口。「寫」這個動作，可以說是開啟那個出口。無論如何，在寫的過程中會想：

「也不是什麼大事嘛，算了。」

事情就到此為止了。請各位帶著平靜的心入睡。

靠「寫」敞開怒氣的出口。

不要展現超越實力的自己

「不積壓怒氣的訣竅」，在於不要付出太多的努力，要以自己的步調，自在地活著。現在就來談談這方面的事。

被交付的工作或任務，一定有該負的責任。必須自己負起責任，認真工作，完成任務。

但是，所謂的責任也有範圍吧？例如，接到了上司命令的工作。工作具備種種要素，裡面可能會有「這裡我不擅長」的部分。

以擅長整理企劃書，但不擅長把圖表視覺化的案例來說，憨厚的人會想：

「既然接下了工作，自己就要負起全部的責任……」

把責任範圍劃得很大，或許可以說是對責任很敏感。最後會被不擅長的視覺化搞得焦頭爛額，也會在那裡浪費很多的時間，大有可能趕不上指定的日期。

趕不上時間，會被上司罵，也會責怪沒有盡到責任的自己。然後，開始害怕被交付工作，漸漸蜷縮起來。

接到的工作，若有「十分」的責任，也不必全部一個人扛起來。假如其中的「七分」是自己拿手的部分，可以萬無一失地扛起責任，那麼，剩下的「三分」何不求助於擅長那部分的人，讓那個人負責完成呢？

在接下工作時，就告訴上司：

「我不擅長視覺化，所以，那個部分可不可以請〇〇幫忙呢？」

這麼說就解決了。雖然需要一點厚臉皮的大條神經，但承認做不到的事就是做不到、不擅長的事就是不擅長，一點都不可恥。不過，我知道有人就是沒辦法那麼做。

人都有潛在的慾望，想被當成「很能幹的人」、「很厲害的人」，年輕的時候這種傾向尤其強烈。不知不覺中，會被這個慾望挑唆，試圖展現超越實力的自己。

但是，現實上不可能完成超越實力的工作，所以結果不言自明。會暴露許多缺失，例如趕不上時間、完成度低、錯誤處處可見……

各位有沒有勇氣面對自己真正的實力呢？好好張大眼睛，注視實質的自己吧。部下的實力，上司都看得很清楚，也知道部下擅長與不擅長的事。

所以，應該會用以下的眼光，來看自己扛起所有責任的部下。

「喂、喂，不要逞強嘛。那個部分不是可以交給某位同事嗎？懂得委託他人，也是一種實力啊。」

有心的上司，就是這樣的存在。

附帶一提，我自己也會厚著臉皮，直言不諱地說：「做不到的事就是做不到。」例如，英文。現在去海外工作的次數增加了，我也多少可以用英文溝通了。但是，英文書寫完全不行。連簡單的mail回信，都要問：「這個單字怎麼拼？」

所以，「英文書寫」會拜託擅長那方面的工作人員。因此，工作可以順利進行。

能正確看清楚實力，就不會錯判責任範圍。

只要扛起符合自己實力的責任就行了。

展現弱點會比較輕鬆

關於擅長與不擅長，在其他章節也談過。**我認為心思越細膩的人，越應該盡快公開自己不擅長的事。**

「我很容易緊張，所以，不擅長做簡報這種在眾人面前說話的工作，比較喜歡埋頭苦幹日積月累的工作……」

當然，不需要很正式地公開，可以在跟上司喝酒的時候順便說。只要周遭的人共同擁有這個資訊，應該就會在無形中給自己方便，職場會變得舒適宜人，做起事來心情也好。

最糟糕的，就是隱瞞不擅長的事。隱瞞是為了讓自己看起來像個什麼都會的全能運動員，然而，「假裝」一定會有報應。

「那麼，這次的簡報就交給你做了。」

倘若上司下達這樣的指示，就不能不做。下場是在做簡報的重要舞台，表現出語無倫次的醜態。即使沒有收到那樣的指示，也會過得戰戰兢兢、提心吊膽，一直擔心「下次會不會輪到自己」。

弱點也是一樣。展現出來，會比較輕鬆。以個人來說，也是性格直爽開朗的人，會比一味隱瞞弱點的人有魅力許多。

姑且不論政治手法，田中角榮前首相是非常有政治家魅力的人。角榮前首相的亮點之一，就是「高小（高等小學）畢業」的學歷。

在東大等一流大學畢業生濟濟的政界，低學歷通常是弱點。他卻反其道而行，大大方方地說出低學歷，突顯出他的個人魅力。實際上，大家也稱他為「今太閤（現代豐臣秀吉）」，給予他熱烈的喝采。

不過，這件事還有背後花絮。角榮前首相真正的最後學歷，其實是等同於現今高等專門學校水準的學校。真要說起來，他是做了低報學歷的「反學歷詐欺」。但是，這樣的詐欺比通常的學歷詐欺可愛多了。

「露堂堂。」

這句禪語的意思是，沒有任何隱瞞，呈現原原本本的自然模樣。隱瞞弱點就不能「堂堂」展露自己。這也跟隱瞞不擅長的事一樣，會因為害怕暴露弱點而終日惶恐不安。

舉個淺顯的例子，或許有人會覺得無法融入都會的生活是弱點。若是這樣，也沒必要隱瞞這個弱點，刻意追求時尚裝出很享受都會生活的樣子。

「我是鄉下人，所以太繁華的城市會讓我喘不過氣來。回到什麼都沒有的鄉下，我反而會鬆一口氣。」

這樣說就行了。各位不覺得從這樣的話中，反而能窺見人品，再好不過，也斷然可以提升好感度嗎？

如果你是外表很可怕的類型，在家裡卻是妻子握有所有的主導權，就不要裝出大男人主義的樣子。

「我在家裡，面對妻子完全抬不起頭。枉費我有這張臉，真是太沒用了。」

這麼說，不但不會讓人覺得沒用，還會迷死人吧？要隱瞞不擅長的事或弱點，活得戰戰兢兢呢？還是要厚著臉皮展現原原本本的自己，活得輕鬆自在、開開心心呢？任由各位選擇。

展現弱點，會比現在更有魅力。

做重點式反省就好

「無論是誰都一樣，反省的人一定會成功。因為真正地、正確地反省，就會知道下一步該做什麼、該怎麼走。然後，為人處事就會成長……」

開頭介紹的名言，是被稱為經營之神的松下電器產業株式會社（現在的PANASONIC株式會社）的創辦人松下幸之助先生說的話，真的是至理名言。工作要成功、為人處事要成長，都缺少不了反省。

在這句話裡，尤其該注目的是「正確地反省」這個部分。工作不順遂時，無論是誰都會反省。但是，心思太過細膩的人，反省的方式會有點問題。

「好不容易被分派到這個工作，卻被我搞砸了。啊～啊，我太沒用了，從頭做起吧。」

看似老實且謙虛地反省了，但是，若稱這樣為過度，那就反省過頭了。有句話說「過猶不及」，反省得太過度，也會害慘自己。

任何工作都有步驟，例如，準備階段、著手階段、交涉階段、收尾階段、完成階段……像這樣依據步驟執行工作。不可能在每個階段，自己的應對、自己採取的措施，全部都不對。

因此，**必要的不是從頭到尾反省，而是要檢驗在哪個階段的哪個部分出了問題、哪裡做得不足。找出問題、不足的癥結，針對那裡做反省。**

亦即，反省要把焦點重點式地放在有問題的地方、不足的部分，這樣才有意義。對於松下老先生所說的「正確地反省」，我是這麼解釋的：沒必要反省沒有問題的處置。

說到工作不順遂，幾乎所有案例的原因，都是錯在一、兩個處置上。

例如，可能會有從準備階段開始一路順遂，卻在收尾階段觸礁，最後未能達成交涉的狀況。

「是不是收尾時太倉卒了？應該再仔細點、多花點時間。要把『收尾時不能省時間』這件事，謹記在心。」

反省這一點就行了。

或者，一開始交涉，就被對方指責資料不足，這個疏忽造成極大的影響，而且傳開了。這時候，反省的題材應該是：

「做準備絕對要仔細再仔細，這一點必須銘記在心。」

這麼做，就不會再重蹈覆轍。反省可以在下一次活用，也可以說是工作技能進步了。**做這樣的反省，即使事情不順遂，也不會感到挫折沮喪。**

我設計的「禪意庭園」，都是我每次不同的心境表現，所以，經常是反映出心境的造型。即便如此，我還是會站在完成的「禪意庭園」前面，為下一次「探索可能性」。

「少一點植栽會怎麼樣呢？石頭的表現是不是會醒目一點？」

這也算是一種廣義的反省吧？

各位，讓我們「正確地反省」，厚著臉皮向前邁進。

不要沒頭沒腦地反省，要經過「檢驗」。

用「謝謝」婉拒善意的多管閒事

我不打高爾夫球，但是，聽說沒有比高爾夫球更多教練的運動。總之，就是有很多想教人的人。可能是比較容易看到他人應改進的地方，所以，即使自己的技術沒多好，也會說不是那樣、不是這樣、應該再這樣一點……每個人都會突然變成「教學專家」。

但是，對方是一片好意，不搭理也說不過去，所以，聽說打高爾夫球的人都有過因此感到「厭煩」、「為難」的經驗。

這就是「小善意、大管閒事」的典型例子，這樣的事在日常生活中也屢見不鮮。

「真受不了〇〇前輩，稍微徵詢一下他的意見，他就會滔滔不絕地說個不停。我只想聽重點，但他總是停不下來，一定會開始發表他的論述……」

是不是有這種類型的人呢？倘若時間綽綽有餘，我們也很願意奉陪，聽他長篇大論。但是，在忙碌的工作時間裡，那只會是麻煩至極的事。這時候，如果能說：

「前輩，我只是想問那件事，所以……」

就此結束談話最好。但是，面對痛痛快快地發表論述的人，有的人會有所忌憚，覺得那麼做不好意思。

下面這句關鍵時刻的「厚臉皮」的措辭，可以打斷對方的話。

「謝謝。」

要在不得罪對方的狀態下，結束當場的對話，沒有比這句更適合的措辭。任何人應該都不會回說：

「喂，等等，我的話還沒說完呢。」

在私人場合，也不會改變「謝謝」的有效性。這世上，有人天生就是沒惡意的愛照顧人的個性、善良的多管閒事的個性。

有時，我們會覺得那樣很困擾，但想到對方是為我們著想、為我們好才會那麼做，就說不出「那樣有點困擾」的話。這種時候，「謝謝」也會成為殺手鐧。

例如，跟這類型的朋友在一起，聊起預定好的旅行話題。

「下個週末我要去廣島的宮島。」

假如那個朋友去過宮島，就大有可能在這個時候徹底展露個性。

「啊，沒錯，宮島太棒了。一定要去看○○。午餐的話，我建議△△店，那裡的××是絕品。沒吃過這個，絕不能說你去過宮島。如果要去嚴島神社，◎◎時間最好，之外的時間都不行喔。當地特產當然要買紅葉饅頭啦……」

可能會像當地觀光介紹所那樣，盡心關照我們。旅行的醍醐味，就在於隨心所欲地探索未知的場所，所以，出門前就被做了行程管理，連買什麼特產都被指定了，旅行的樂趣毫無疑問會減半。

因此，要盡快看準時機，說出「謝謝」。日本人有洞悉對方想法的文化，所以，應該會說：

「啊，對喔、對喔，說太多就沒什麼樂趣了。不能提供太多資訊，切忌、切忌。那麼，你盡情享受吧。」

應該會說吧……應該會。如果這樣還是說個不停，只好說：「謝謝。可是，聽得太多，你也知道，會那個嘛……」就此結束話題。

要有在不得罪對方的狀態下，結束談話的厚臉皮。

第五章

貫徹厚臉皮的成效

年紀大了也能厚臉皮地活著

相撲界史上第三位完成三十一次優勝的名橫綱千代富士貢，因其精悍外貌而被稱為狼，他在引退記者會上留下了「體力的極限」這句話。各位腦中是不是也曾閃過這麼一個念頭：

「我的能力也差不多到達極限了吧？」

請不要想得這麼淒涼。**據說，人類使用的能力，最多只有與生俱來的能力的大約百分之二十五**。大部分的人，只使用了不到那樣的能力。未開發、未使用的能力，大約有百分之七十五。不論怎麼使用、怎麼鍛鍊，都離極限很遙遠。人的能力的容量，就是大到這種程度。每個人都有可能把使用的能力，向上提升百分之二、百分之三……自我決定極限，因而放棄，就是自己關閉了那樣的可能性。

然而，時代卻與提升能力這件事背道而馳。因為重視方便性，社會不斷往那個方向發展，所以，能力非但不能提升，反而還下降了。

關於這件事，各位應該也能想到一二。在沒有手機的時候，每個人都會記得大約十個、十五個經常撥打的電話號碼吧？

但是，現在手機普及，只要按一下登錄的電話號碼就能撥打電話，大家還能記得幾個電話號碼呢？恐怕有不少人都只記得自己的號碼。

還有衛星導航。以前裝在大腦裡的道路地圖，現在都一片空白了吧？光是這樣以記憶為例，就能明顯看出能力已經因為享受便利性而下降了。

當然，這是時代的潮流，我並不想說最好過著脫離便利性的生活，現實上也不可能做得到。明知如此，我還是要說說我個人的意見，我認為越是這種時代越要對記憶力的降低採取「自衛」。

例如，把一週份的工作表放進頭腦裡。現在有很多人把行程表寫在手機等的日曆裡，看著日曆行動。我們要刻意捨棄那樣的便利性，仰賴自己的記憶力。

不只限於這件事，其他什麼事都好，至少選擇一樣，在自己內心暗自訂定這樣的規則，使用與生俱來的能力，就能某種程度地止住能力的降低。**不要沉溺於方便性，即便知道會不方便，也要捨棄其中幾個方便性。這也是一種「厚臉皮」**。

「老」也是讓人感覺到極限的一大要因。邁入高齡後，會想挑戰什麼新奇的事物，是「極限算什麼東西！」的氣魄的展現。然而，日本有「老人冷水」*這麼一句諺語，用來揶揄老人那樣的行為，所以，難得的氣魄很可能因此洩了氣。

不論幾歲，都離極限非常遙遠。這時候反而要拿出「我就洗冷水澡給你看」的氣勢，展現挑戰精神。

我的寺廟有位施主，年過七十才開始走路運動。起初是為了復健，後來走出興趣，從走路變成慢跑，還「進化」到跑馬拉松。現在已經不在了，但是，跑馬松一直跑到九十三歲。

我父親說動手指可以刺激大腦，所以，從八十歲開始彈鋼琴、八十五歲開始學英文。我還記得，他跟我姪女一起參加了鋼琴演奏發表會。

劃定極限，能力就會下降。讓我們不斷地挑戰能力吧。

厚著臉皮洗「冷水澡」，不論六十、七十，都要活到老學到老。

＊意思是老人逞強洗冷水澡、喝冷水有害健康，用來形容老人做出超越年紀的危險動作。

傾聽自己的「心的聲音」

請看「坐禪」的「坐」字，是「土」上面有兩個「人」，如實地闡述了坐禪的意義。在沒有僧堂的時代，坐禪都是坐在土地或石頭上。

那麼，坐的是一個人，為什麼旁邊會多出一個人呢？一個當然是自己，旁邊的另一個是心裡的自己。禪裡所說的「原本的自己」，就是「那個人」。

亦即，**坐禪的意義在於聚精會神地面對內心的自己**。也可說是面對面詢問心裡的自己，傾聽那個聲音。

「至今為止的生存方式沒有錯吧？」

「今天的行動有沒有犯錯呢？」

「沒有說出什麼傷人的話吧？」

人會在無意識中犯錯，甚至會傷害他人。不用說，這世上絕對沒有完美的存在。所以，與內心的自己面對面非常重要。

在面對面中察覺錯誤，可以做修正。若是知道自己傷了人，也可以採取行動對應。雖說禪的修行、每天坐禪，是為了察覺自己的缺失、不成熟的地方，但也不能太過偏頗。

各位即使不能坐禪，也應該可以與內心的自己面對面。

不過，現實是有很多人沒有那樣的時間。我知道現代人有多忙碌。

但是，晚上的十分鐘、十五分鐘也好，還是可以空出時間吧？在那段時間把手機關機，就不會被ＬＩＮＥ打攪。那麼做，也等於開啟面對自己的開關。

坐禪原本應該在大自然中進行，這是有緣由的。

道元禪師寫過這麼一首和歌。

「峰之色，溪之響，皆吾之釋迦牟尼之聲與姿。」

峰之色、溪之響都是象徵大自然。道元禪師詠誦的是，所有大自然都是釋迦牟尼佛的聲音、身影。

沒錯，在大自然裡坐禪，就是坐在釋迦牟尼佛的聲音的擁抱中，與祂的身影接觸中。沒有比這樣更珍貴的坐禪了。

現在也有販賣錄了自然聲音的CD。可以邊播放河川的潺潺水聲、風拂過樹枝的沙沙聲、小鳥的啼叫聲、波濤拍岸的聲響等聲音，靜靜地待十分鐘、十五分鐘。

在大自然的擁抱下，會敞開心胸。就在這時候，回顧當天一整天的言行。或者，擴大時間範圍，回顧這一個月來的生活模式、這一年來的過往。

「今天有一件工作沒做完，最近好像有點缺乏衝勁。」

「最近工作好像變成了一種慣性，這樣不行、這樣不行，要小心不要淪為公式化。」

回顧一定會察覺到一些什麼。這就是面對自己、就是傾聽自己的聲音。請務必空出這樣的時間。**鍛鍊內心最好的方法，就是面對內心的自己。**

面對內心的自己，能把心鍛鍊得強大。

厚臉皮的人睡得好

任誰都有過夜晚輾轉難眠的日子吧？可能是當天跟朋友的小小爭執在腦中盤旋不去、可能是擔心隔天的工作……原因有千百種。總而言之，就是在想什麼事，阻礙了睡眠。

先來談談我自己的例子吧。我幾乎沒有睡不著的時候。不論是在行進中的機艙內、電車內，我都可以馬上睡著。感覺身心俱疲的時候，稍微睡個十分鐘，就會神清氣爽。

老實說，不久前，曾經有家開始做健康管理商品的電器機械大廠，找我去做睡眠的相關實驗。結果顯示，我只要一～三分鐘就能入眠。在六個小時中，有五小時四十分鐘睡得很熟，熟睡率達到百分之九十九點八。

跟我同時做實驗的兩位，一位在睡著的六小時半中，熟睡時間是兩個半小時，另一位在睡著的七小時中，熟睡時間是一小時四十分鐘。由此可見，我的睡眠效率十分驚人。

睡眠與厚臉皮之間，有什麼樣的因果關係，我不是很清楚。但是，**隨時隨地都可以睡得很好，表示不會多想杞人憂天的事，也不會在意瑣碎的小事，所以，可以說是一種厚臉皮。**

但是，這種厚臉皮任何人都可以學會。關鍵在於睡前的三十分鐘。這三十分鐘，不要想任何事，努力「讓心情平靜下來」。

這麼做的前提是「結界」的設置。寺廟、神社都有山門、鳥居，那就是結界。藉由山門或鳥居，把外面（俗）與裡面（淨、聖）的領域隔開來。

參拜者鑽過那個結界，就會抹去心裡的塵埃，以適宜淨（聖）領域的潔淨的心前往參拜。

何不把最靠近家裡的那個車站的剪票口，或自家大門，或玄關，當成結界呢？過了那個結界，就不再去想人際關係、工作的事、煩心的事。剛開始或許沒那麼容易做到，但是，我前面也說過，人都有極大的慣性。持續就是力量。有自覺地維持一段時間，總有一天會做到。

那麼，睡前的三十分鐘，該如何讓心情平靜下來呢？最好的方法，就是做讓自己感到「舒服」的事。若說前面的結界是空間性，那麼，這就是時間性的結界。時候到了（三十分鐘前），就進入舒服的時間。

感到「舒服」的事，因人而異，各有不同。例如，聽喜歡的音樂、看繪本或寫真集、焚燒喜歡的精油、輕輕地動動身體、仰望星空、喝點小酒等……做什麼都可以。

做感到「舒服」的事時，人會與那件事合為一體。什麼事都不會想，什麼事都不會在意，只會沉浸在「啊，好舒服」的感覺裡。

這點很重要。這就是心最平靜、最適合安穩入睡的狀態。
各位，為了學會睡得好的厚臉皮，請今天晚上立即實踐我在這裡說的事吧。

設置兩個「結界」，就能進入安穩的睡眠。

生病會讓我們察覺重要的事

在佛教中，四苦是指生老病死。的確有年幼夭折，或健康上沒有問題卻死於橫禍的案例，但以一般的人生來思考，任何人都逃不過這四苦。

讓我們來想想生病的事。

生病也有兩種形態。一種是可以治癒的病，一種是癌症等被視為惡疾的病。

「即便是可以治癒的病，如果住院，工作還是會落後，經濟上的負擔也很大，連心情都會跌到谷底。」

身體病了，心就跟著委靡。這樣的人一定不少。但是，有句話說

「病由心生」，心沒了氣力，就可能導致病情惡化，或復元速度變慢。

我希望各位知道，生病會讓我們察覺重要的事。健康的時候，我們難免會大吃大喝。但是，胃不會抱怨、不會抗議，會很勤勞地工作，為我們消化吃下去的東西。所以，不會搞壞身體。

這是理所當然的事。對，理所當然，但是，患了胃病，不能再隨心所欲地吃了，就會察覺那是多麼「值得感恩」的事。沒有生病，就不會察覺理所當然的事其實是無比值得感恩的事。

察覺理所當然的事，其實是值得感謝的事，也可以說是禪所追求的心的境界。坐禪、作務、誦經等……禪的修行，都是為了達到這個境界。

或許有點跳躍，但是，就這個觀點來看，也可以說生病等於是在累積禪的修行。

不過，也不必想得那麼深奧，只要知道感恩，人就會成長。感謝能擴大心的器量。不論是被感謝的一方，或是感謝的一方，都一樣。當我們對誰說「謝謝」的時候，心一定是完全的純真吧?當有人對我們說「謝謝」的時候，心一定會感到十分溫馨吧?

純真、溫馨都是擴大心的器量的良藥。換句話說，心的器量能夠擴大，人也必然會跟著長大。擴大的心，也會孕育出強度、臉皮的厚度。

那麼，如果是惡疾呢?

也是曹洞宗大本山總持寺的首長的板橋興宗禪師，已經跟癌症「一起生活」了很長的時間。寫慰問信給他，他一定會回信說：

「我跟癌症相處愉快。」

抱怨、哭泣、叫喊，癌症都不會消失。既然如此，只能跟癌症一起生活。既然要一起生活，與其撕破臉，還不如愉快地相處。這就是板橋禪師的想法，現實中的他也是過著這樣的生活。

即便是疾病也照單全收，這是禪意生活的實踐，裡面蘊蓄著沉穩的心。附帶一提，也有報告說笑可以治療癌症。據說，笑可以提高與癌症搏鬥的免疫力。

相反，造成免疫力低下的元兇是壓力。老是為自己得了癌症的身體咳聲嘆氣，壓力也會升高，若能下定決心與癌症共存，保持沉穩的心，就笑得出來了。兩者的差異昭然若揭。

生病等同於禪的修行。

生存的原點是「一切都值得感恩」

各位對這個世間，抱持怎麼樣的看法呢？有兩句用來形容世間模樣的話。

「人間處處有溫情。」

「防人之心不可無。」

前者可能是溫馨、生活不錯的世間，後者可能是日子不好過的世間。當然，世間是多面的、多層次的，所以，呈現方式不會只有其中一方，而是看每次自己所處的狀況，有時會覺得是前者，有時會覺得是後者。

活在這種有時溫馨、有時不好過的世間，基本上應該有什麼樣的認知呢？我認為，必須意識到凡事都架構在關係性的基礎上。

例如，以工作來說，工作不是自己在「做」，而是有公司、有上司和部下、有同事，而且有工作對象的存在，在這樣的關係中架構出來的。

與家人、戀人、朋友等人之間的連結，也是因為有對象才能成立。由此可見一斑，人是活在關係性的支撐中。有了這樣的意識，就會對與自己有關係的人事物，產生感謝的心情。

「感恩大家給我工作。」

「感恩家人（戀人、朋友）的存在。」

是不是有這樣的感覺呢？更進一步來說，想到是在與雙親的關係中獲得生命，且因周遭所有關係而得以存活，是不是會湧現深深的感謝之情呢？

這就是生存的原點。只要堅持守住這個原點，不論活在怎麼樣的世間都沒問題，可以穩穩地向前邁進。

覺得所有事都值得感恩、感謝的心，也是從「這個值得感恩、那個不值得感恩」的區隔事物的想法跳脫出來的大心。也可以說是不拘泥於小事的厚臉皮。

另一件重要的事，是「不過度」。例如，不過度思考、不過度煩惱、不過度猶豫……人會因為「過度」，而痛苦或煩惱。

「即今、當處、自己。」

這句禪語的意思是，在當下時、在自己所在的地方，自己做該做的事，是最重要的。不論何時、處於什麼樣的場所（環境），都會有自己該做的事。

只要拚命去做那件事就對了。不做的話，就會陷入過度思考、過度煩惱、過度猶豫。

「對客人造成了困擾，怎麼辦呢？客人一定很生氣吧？該怎麼道歉，才能取得客人的原諒呢？要好好想想。」

造成了困擾，該做的事只有「馬上道歉」。趕快去找對方，低頭致歉。除此之外，沒有表達我們的謝意與誠意的方法。過度思考，想得越多越苦惱，也越無法行動。

另外，假設在公司裡，有個工作能力很強、為人處事又充滿魅力的前輩，自己很想接近那個人，那麼，最好的辦法就是當面對那個人說：「改天去喝一杯吧？」這就是在那個狀況下該做的事。

凡事「不過度」的妙法，總之，就是不要猶豫，厚著臉皮去「做（動）」。這麼做，就能克服任何狀況。

凡事「不過度」的妙法，總之，就是去「做」。

厚著臉皮「放棄」，剝去不必要的東西

不久前，極簡主義、極簡主義者成為熱門話題。極簡主義是最小限度主義，而極簡主義者是實踐這個主義的人。以禪來說，相當於什麼都沒有的生活、簡單的生活。

現代人真的持有太多東西了。房間裡到處都是東西，被壓迫到只能生活在擁擠的空間裡，這就是都市人的一般生活。

東西會增加，與人的根本資質相關。釋迦牟尼佛曾說過這麼一句話。

「即使把喜馬拉雅山變成黃金，也滿足不了人類的慾望。」

人類的慾望無止無盡。不論擁有多少東西，都不會滿足。有了一個東西就想要下一個東西，有了下一個東西又想要下下一個東西。

即使得到夢寐以求的名牌包，心因此被填滿，也只是一瞬間的事。很快又會想得到絲巾、配件、鞋子……各位都有過這樣的經驗吧？

慾望就像這樣不斷地膨脹，卻又不想放棄已經得到的東西，這是人人都有的心態。「想要更多，但一個也不想丟棄」的結果，當然是東西不斷增加。

需要的是「放棄」的厚臉皮。例如，有件洋裝一直吊在衣櫥沒穿，卻捨不得丟棄。請問最後穿那件洋裝是什麼時候呢？

「不是記得很清楚，我想大概是三年前左右吧？」

那麼，三年來不曾穿過的洋裝，以後還有多少穿的可能性呢？

「嗯～應該沒有了。」

這樣的答案就是接近百分之百不會穿了。既然如此，那件洋裝就只是占據空間的呆滯庫存。要下定決心，放棄、放手。若能摒除「可惜」的情感，對生活產生的影響就是擴大空間，讓生活變得更舒適。

鍋碗瓢盆等生活用品、生活小物、家具等東西……一般來說也都一樣，應該有很多沒在用，以後也用不到的東西。放棄那些東西，會使生活更加舒適。

不僅是東西。**「人」、「錢」、「資訊」也請厚著臉皮放棄**。例如，人。是不是有些人，我們明明不想往來，但接到對方的邀約還是會赴約？這就是所謂的惰性往來。試想，與那樣的人斷絕往來，生活上會有哪裡不方便嗎？

「不但不會不方便，還會覺得輕鬆多了。」

完全沒有理由猶豫該不該放棄。讓心變得狹隘的最大因素，就是與人之間的羈絆。斬斷、放開那樣的羈絆，心只會更自由。

錢也是一樣，如果以賺錢為前提，難保不會誤入歧途。我在前面也說過，「知足」非常重要。在「這樣就很感恩了，已經夠了」的時候停下來，就能放棄想賺更多的慾望。

資訊收集太多，也會被綁住或被耍得團團轉。真正需要的資訊是有限的，只需取得那個部分，其他都可以毫不吝惜地放開。在這個資訊化的時代，這麼做可以說是明智之舉。

放棄就像削去生活中的贅肉、剝去不必要的東西，成果是換來輕盈且充實的生活。

凡事不強求，要厚著臉皮「放棄」。

不要被他人的話蠱惑，要堅持自己的感性

俗話說眾口難防，在集團或組織裡難免有種種話題滿天飛。傳聞、流言之類的話，有不少人聽到就會相信。例如，以下的「人物評語」。

「聽說客戶A公司的新部長B先生，是個非常嚴格的人。禮儀稍微有點不周到，即使正在討論中，他也會站起來說：『請下次再來。』把對方轟出去。」

這一類的傳聞，最後都會被大肆渲染，只要聽說是有名的嚴格部長，光說話都會緊張。尤其是容易被他人的話或意見左右的人，說不定會在心裡描繪部長可怕的模樣，嚇得直發抖。

不得不跟那個人面談時，一定會緊張到極點。

「總之，不能有失禮的地方。如果一開始惹對方不高興，接下來就很不好過了。不知道能不能順利過關，好怕出紕漏……啊，胃都開始疼了。」

這樣的話，想也知道面談會是什麼狀況。見面前就已經陷入「青蛙被蛇盯住」的僵直狀態，所以，能不能正常地打招呼都值得懷疑。自始至終都會「動彈不得」，被對方完全掌握主導權，最後在自己無法提出任何意見的狀態下，面談就結束了也不稀奇。

有句話說「無風不起浪」，所以，傳聞中的人物評語，不會全然沒有根據。那位部長責罵過沒禮貌到讓他看不下去的人，或許也是事實。

但是，那位部長說不定只有那一次特別激動。大有可能是那段軼聞後來自行流傳，替他貼上了嚴格部長的標籤。

應該說所謂的傳聞就是這樣，會不斷地膨脹，從一變成十、變成一百。

我們無法制止傳聞進入我們耳裡，所以，最好的辦法是當場充耳不聞。但是，無論如何都會在意的人，聽的時候可以打到一折、打到零點一折。

若想知道對方是怎麼樣的人，正確做法是直接見面，自己去感受。換句話說，**自己感受到的原樣，才是對自己而言的那個人**。若覺得傳聞、流言這樣的說法不妥，不妨說是憑著沒什麼根據的事前資訊形塑出來的偏見，這樣的偏見會蒙蔽我們的雙眼，鈍化我們的感性。

請不要忘記一折、零點一折的「折扣」。

另外，在公司自己也可能成為傳聞或流言的目標。

「她看起來很乖，其實私生活好像很亂喔。聽說也常常睡在別人家，從那裡來上班……」

完全沒做過的事，被說得跟真的一樣，心情當然很難平靜。但是，有句話說「人的傳聞不過七十五天」，意思是有效期限並不會很長。

這時候，要表現得跟平常一樣。請務必堅持到底。查出傳聞的源頭，直接抗議，或是反過來求饒奉承，採取卑屈的態度，都只會火上加油。

遇到傳聞的源頭、圍繞著源頭的那些人，只要跟平常一樣打招呼說聲「早安」就行了。多少鼓舞一下自己這麼做吧。擊退傳聞、流言最有效的方法，就是這種置之不理的厚臉皮態度、行動。

或許不只七十五天，但是，這麼做絕對可以大幅縮短賞味期限。

表現得「跟平常一樣」，就能擊退傳聞、流言。

結婚就交給「緣分」

對結婚不抱希望的時下年輕人越來越多。根據獨立行政法人國立青少年教育振興機構在二〇一五年所做的調查，二十歲世代的未婚者，有百分之十七點八（男性百分之二十一點六、女性百分之十二點九）回答「不想結婚」。但是，回答「會想結婚」的人，雖然有「想趕快結婚」、「找到適合的人會想結婚」、「哪天會想結婚」等程度上的差別，但總計也有百分之七十八。

可見，對結婚還是有潛在性的期望、憧憬。尤其是處在周遭好友接二連三結婚的環境裡，結婚的意願當然就更強烈了。

置身於「想結婚也結不了婚」的狀況，會對心造成負擔。一來會著急，二來會覺得自己太沒用。可能會因此自責或自卑。

然而，結婚要有「緣分」才能成立。所以，等緣分到來再結就行了。這就是我關於結婚的所有想法。

如果以結婚為優先，在跟誰談戀愛時，就會想盡可能讓自己看起來更完美。例如，平常明明都是吃便利超商的便當果腹，卻裝出知道很多美食餐廳的樣子，或是不善於知性方面的交談，卻臨陣磨槍吸取知識、資訊，裝成知性派等……

此外，也可能壓抑自己，配合對方。

「今天吃義大利餐嗎？好開心，我也很喜歡！（其實不敢吃起司，是個和食派……）」

「約會時像這樣逛各式各樣的店，真的很好玩！（啊～啊，真想找個地方好好地聊天）」

會想讓自己看起來更完美，或配合對方，都是因為有「努力完成婚姻大事」的迫切想法。各位不認為這樣會離自我風格的生存方式越來越遠嗎？

就算「努力」有了結果，真的結婚了，那也才是苦難的開始。「戀愛中」與「進入結婚生活後」，情況會驟然改變。因為在一起生活，不可能表現出超越自己實力的完美。況且，也不會想再做任何表現了。

配合對方也有極限。食物的嗜好、興趣、對事物的看法、對金錢的價值觀等的差異，不久就會顯現出來。當然，這是針對雙方而言，彼此都會覺得「沒想到對方是那樣的人」、「不應該是這樣啊」。

結婚就交給緣分吧？在緣分到來之前，只要努力活出自我就行了。在這麼做的期間締結的良緣，就是可以永遠當自己、表現出原原本本的自己的緣分。

「任運自在。」

這句禪語的意思，是把所有一切都託付給自然的趨勢，不要刻意做任何處置。相當於把持原本的自己，活在自我的風格裡。這是人最美麗、最光輝燦爛的姿態。

這種生存方式的人，絕對不會錯過緣分，一定會有邂逅。不要急，慢慢地（說不定很快就到來了）等待。有這樣的臉皮厚度，才會有適合自己的幸福婚姻。

「緣分」就在活得像自己的延長線上。

所謂極致的厚臉皮，就是做為「一般人」活著

對商業人士來說，出人頭地應該是人生的目的之一。說不定，其中有不少人認為，那不但是目的之一，而且是最大的目的。自營業或自由業的人，也不會不想擴大工作或事業規模，以賺取更多的收入、得到社會地位吧？

因此，我不會說著魔似地追求出人頭地，全都是壞事。我只是希望，各位能保有「不過就是出人頭地嘛」的心態。

以商業人士來說，工作的年限大約就是四十年吧。即使爬到企業的最頂端，坐在那個位子的時間，通常也只有幾年（根據美國經營管

理公司的調查，全世界排名前兩千五百名的企業的ＣＥＯ，平均任期約六年）。

以八十多年的人生來看，不過是短短的幾年期間。因此，即使沉緬於出人頭地的終極榮耀裡，在離開那個位子後，還是會變成一般人。剩下的二十多年，都必須做為一般人活著。

我認為，脫離暫時身分的頭銜、地位後，如何做為一般人活著，與人生息息相關。

「啊，多麼美好的人生啊，該做的事都做了。」

當拉下人生的布幕，離開人世時，能有這樣的感覺，就是最棒的人生。那裡面也有著那個人的幸福。如果在那個舞台上，湧上心頭的感想是：

「的確出人頭地了，但是，這期間大大犧牲了家人。該為家人做的事，我幾乎都沒做到。」

「為了出人頭地，我不顧一切地活著，終於達到了目的。但是，退休後，整個人洩了氣，只剩下空虛感。我的人生到底是什麼呢？」

那麼，這樣可以說是好的人生嗎？我想答案不言自明。

做為一般人，老老實實地活著，就是做為人不斷成長的過程。不論是就職期間或退休後，每一天踏出的每一步，能否增加做為人的深度，關鍵都在於那個過程。

舉一個不是很好的例子。假如，曾經為了出人頭地而陷害他人，那麼，即使出人頭地了，也對做為人的深度毫無幫助。做為一般人，就是留下了悔恨的生存方式。

相反地，若是將出人頭地這種事置之度外，在當下為家人或為心愛的人，拚命地工作，那麼，我認為做為一般人，這就是出色的生存方式。禪有這麼一句話：

「枯高。」

這句話的意思是「枯萎凋零卻堅強」。舉例來說，就是在歷經風雪的漫長歲月中，枝葉明顯腐朽，樹葉也褪去了綠意，卻依然保有堅定威嚴的老松風情。

人到了晚年，最好也能保有枯高的姿態。想要保有那樣的姿態，唯一的辦法就是每天增加做為人的深度。

我要再說一次，如何做為一般人活著，與人生息息相關。不要想在周遭人當中是如何，要貫徹自己的信念活著。所謂極致的厚臉皮，不就是這樣嗎？

人生決定於如何做為一般人活著。

特別附錄

讓不容易入睡的人睡得著的坐禪

我在第五章說過，想要安穩地入睡，最好的辦法就是做舒服的事。

若是想定下心來，最有效的方法，不用說，當然是坐禪。

在禪的修行當中，有所謂的「夜坐」，就是夜晚坐禪，那種感覺特別舒服。

心會完全靜下來，變得沉穩，不會再被任何事物影響。我敢斷言，沒有比坐禪更好的「入眠劑」。

在醫學上，也證實了這件事。

各位有沒有聽過「血清素」這個名詞呢？那是一種精神傳遞物，一般認為有穩定身心的效果。

已經知道，同時進行丹田呼吸的坐禪，可以活化那個血清素。也就是說，可以寫成「坐禪↓活化血清素↓心的平穩」這樣的結構。

原本，坐禪最好有修行經驗豐富的禪僧指導。

因為自己很難判斷，自己的坐禪姿勢是否正確、呼吸是否正確。

有指導者在旁邊檢驗、指正，比較容易掌握訣竅，身體也比較容易記住。身體記住後，隨時隨地都可以很快地進入坐禪狀況。

但是，即便不是非常正式的坐禪，也能體感坐禪帶來的「感覺」。在此，我將為各位介紹「椅子坐禪」。只要坐在床上，或使用廚房的椅子，就能簡單做到。

10分鐘的「**椅子坐禪**」能拂去心中的陰霾

步驟❶

首先直挺挺地端正坐好

坐在坐墊偏硬的椅子上，不要坐滿。挺直背脊，讓頭頂到尾骨成一直線。

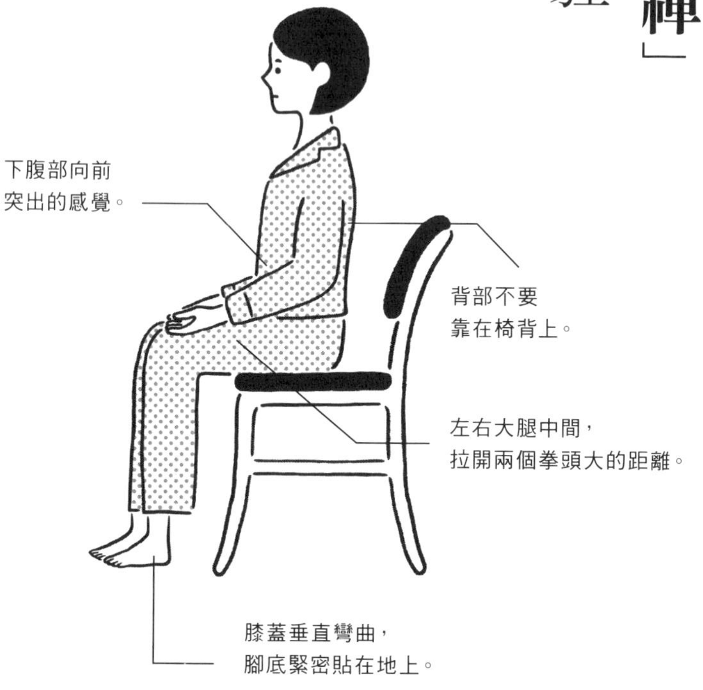
下腹部向前
突出的感覺。
背部不要
靠在椅背上。
左右大腿中間，
拉開兩個拳頭大的距離。
膝蓋垂直彎曲，
腳底緊密貼在地上。

這個姿勢真的挺直了嗎？

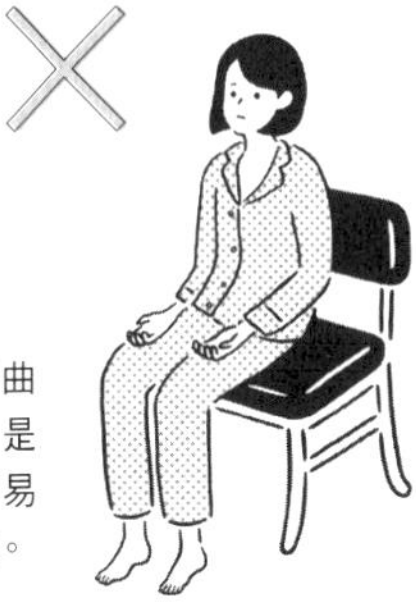

駝背
下巴突出

不要讓背部彎曲變成駝背。若是駝背，下巴也容易突出來，請注意。

前傾

我請各位直挺挺地坐著，恐怕大部分的人都會有點向前傾。其實，挺到自己覺得「這麼後面？」的程度，才是真的挺直了。

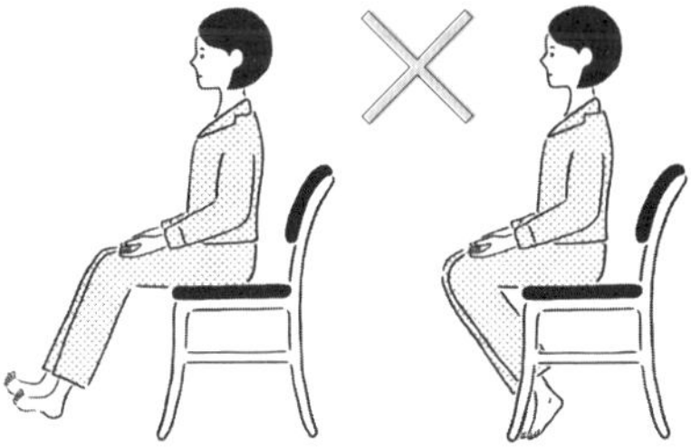

腳懸空搖晃

腳沒有直直著地，姿勢就不會正確。

左右偏移
脖子歪斜

身體左右偏移的人，脖子也同樣容易歪斜。

左右搖晃確認是否「挺直」

把雙手的掌心朝上，擺在膝上，左右搖晃上身，就能知道姿勢是否挺直。剛開始用力搖晃，然後漸漸慢下來，當身體的軸心成為直線時就可以停下來了，以感覺來說，就是坐得很舒適的時候。

步驟❷

接下來，雙手交疊

把雙手的掌心朝上，右手在上，把右手指疊放在左手指上。

左右的大拇指，輕輕碰觸交合。雙手手指做出像蛋那樣的形狀。這就是所謂的結印，名為法界定印。

手擺在腹部
稍前方的位置。

大拇指之間不要
相隔太遠，也不
要太接近變成
往後翹。

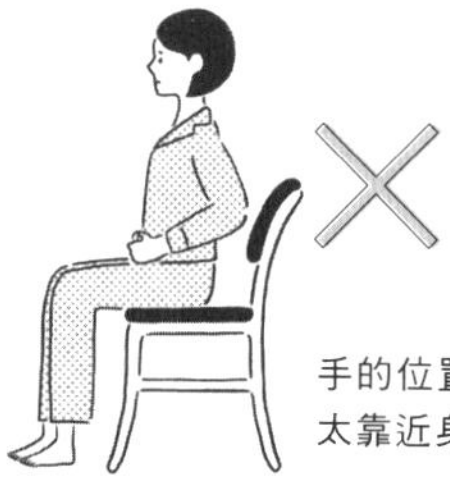

手的位置不要
太靠近身體。

步驟❸

視線斜落在一點五公尺下方

視線朝向約一點五公尺遠的地面。眼睛半開，不要完全閉上。這樣稱為半眼。維持半眼，可以集中精神坐禪，又不會想睡覺。

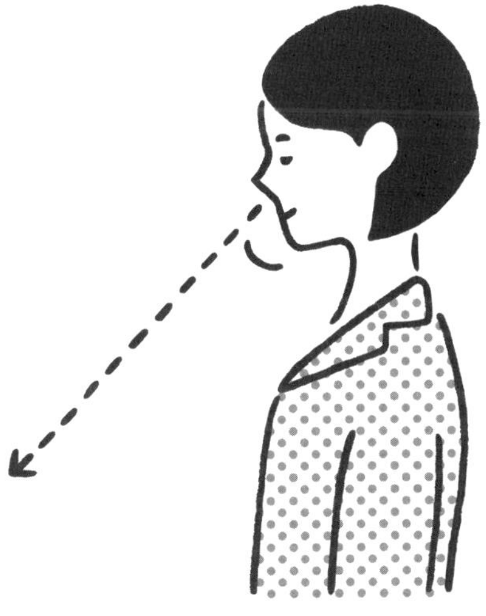

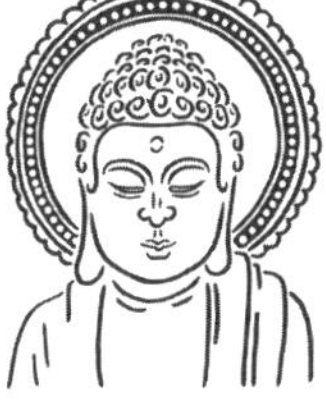

佛祖的眼睛是呈現半眼。
請保持像佛般柔和的情緒，
讓心平靜下來。

步驟❹

深深地、慢慢地做丹田呼吸

接下來就是呼吸。首先，用力做幾次深呼吸。然後，用力吸氣，把注意力集中在肚臍下方兩寸五分（約七點五公分）的「丹田」，再慢慢地用力吐氣。盡可能吐得長一點，像是要把身體裡的東西全吐出來那樣。接著，呼吸要慢慢地從鼻子吸到腹部。請每個人以各自的速度，認真仔細地做。可能的話，做十分鐘。忙碌的人，最少也要做到五分鐘。

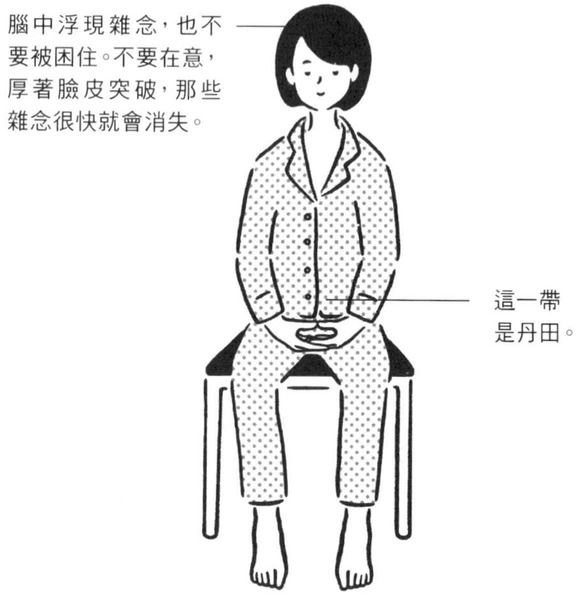

腦中浮現雜念，也不要被困住。不要在意，厚著臉皮突破，那些雜念很快就會消失。
這一帶是丹田。

進行這個「椅子坐禪」，身體會有心平靜下來的感覺。習慣後，會感受到心逐漸變得清澈明亮。連平時不會察覺的小鳥叫聲、風聲、空氣的味道，都有感覺了。那時候的心情愉悅，簡直無法形容。

坐禪時，可能會有種種思緒湧上腦海。那也無所謂。重點是，湧上來的思緒是壓抑不了的。不去理會，思緒自然會消失。

常說，坐禪的時候必須保持「無心」，這個無心，並不是什麼都不要想。而是任由思緒湧上來，再自然消失。我認為不去理會那些思緒，就是所謂的無心。

各位，只想著好的事情，神安氣定地休息吧。

國家圖書館出版品預行編目資料

你真的不必討好所有人：獻給容易受傷的你的「厚臉皮學」/ 枡野俊明著；涂愫芸譯--初版.--臺北市：平安文化, 2020.3
面；公分. --(平安叢書;第649種)(UPWARD;107)
譯自：傷つきやすい人のための図太くなれる禅思考
ISBN 978-957-9314-50-3 (平裝)

1.禪宗 2.生活指導

226.65　　109000873

平安叢書第0649種
UPWARD 107

你真的不必討好所有人

獻給容易受傷的你的「厚臉皮學」

傷つきやすい人のための図太くなれる禅思考

作　　者—枡野俊明
譯　　者—涂愫芸
發 行 人—平　雲
出版發行—平安文化有限公司
台北市敦化北路120巷50號
電話◎02-27168888
郵撥帳號◎18420815號
皇冠出版社(香港)有限公司
香港銅鑼灣道180號百樂商業中心
19字樓1903室
電話◎2529-1778　傳真◎2527-0904
總 編 輯—許婷婷
責任編輯—蔡維鋼
美術設計—王瓊瑤
著作完成日期—2017年
初版一刷日期—2020年3月
初版十二刷日期—2024年1月
法律顧問—王惠光律師

讀者服務傳真專線◎02-27150507
電腦編號◎425107
ISBN◎978-957-9314-50-3
Printed in Taiwan
本書定價◎新台幣280元/港幣93元